아들러가 말하는,
나는 왜 자꾸 비교하는가

흔들리지 않는 나만의 기준을 세우는 법

아들러가 말하는,

나는 왜 자꾸 비교하는가

알프레드 아들러 원저 / 민유하, 제이한 공저

"남과의 차이가 아닌 있는 그대로의 나를
받아들이는 순간 변화는 시작된다"

| 목차 |

프롤로그
당신은 누구와 비교하며 살아가고 있는가 (9)

1장. 비교는 어디서 시작되는가?
1부. 나보다 잘나가는 사람을 볼 때, 마음이 불편한 이유
별일 없던 하루를 흔드는 한 장의 사진 (13)
비교는 감정이 아니라 해석이다 (16)
SNS는 자극하고, 나는 무너진다 (19)
부러움 속에 숨어 있는 내 욕망 (22)

2부. 왜 나만 뒤처진 것 같을까?
세상은 나보다 빠르게 나아간다 (27)
'아직도 이것밖에'라는 조급함 (30)
모든 경쟁은 '나'로부터 시작된다 (33)

3부. 비교가 만드는 감정의 사슬 : 욕망, 열등감, 자존감
어린 시절에 심어진 열등감의 씨앗 (38)
인정받고 싶은 마음은 왜 생길까 (42)
잘해도 불안한 이유는 무엇인가 (46)
남들이 보는 내가 진짜 나처럼 느껴질 때 (49)

2장. 우리는 왜 열등감을 부정하는가?

1부. 감추고 싶은 감정 '열등감'

아무렇지 않은 척하지만, 마음은 도망치고 있다 (55)

타인을 향한 시선, 나를 향한 방어 (59)

열등감을 덮는 우월감이라는 가면 (63)

2부. 나를 깎아내리는 마음의 습관

자책이 익숙한 사람들 (68)

낮은 자존감과 반복되는 비교 (72)

불행한 안도감이라는 함정 (76)

3부. 겉으로는 괜찮아 보여도 불안한 이유

웃고 있지만 흔들리고 있다 (81)

완벽해 보여도 흔들리는 자존감 (85)

인정받지 않으면 존재할 수 없는 마음 (89)

3장. 인생 후반전을 위한 지혜 (나이 들수록 삶은 더 선명해진다)

1부. 젊음의 집착을 놓아야 비로소 보이는 것들

젊음이 전부인 줄 알았다 (97)

나는 왜 나이 드는 게 두려웠을까? (101)

나이를 의식하는 순간, 자신을 잃는다 (104)

2부. 나이 듦은 사라짐이 아니라 성숙이다

나이를 먹는다는 것은 성장의 또 다른 이름이다 (110)

늙는 게 아니라, 깊어지는 것이다 (113)

진짜 어른은 나이에 있지 않다 (117)

3부. 인생 후반부를 재설계하는 시간

한 번의 선택이 전부는 아니다 (123)

완벽하지 않아도 괜찮다 (127)

지금 다시 시작해도 늦지 않다 (131)

4부. 꿈은 방식만 달라질 뿐, 늦지 않는다

꿈은 포기하는 게 아니라, 다르게 이어지는 것 (136)

나이에 맞는 열정이 있다 (140)

끝까지 삶을 사랑하는 태도 (144)

4장. 열등감을 성장의 연료로 바꾸는 연습

1부. 감정을 해석하는 능력 기르기

감정의 표면만 보지 않기 (151)

반응하기보다 이해하기 (154)

감정과 행동 사이의 공간 만들기 (157)

2부. 나를 격려하는 말의 힘

나에게 해주는 말이 중요하다 (162)

자기 비판 대신 자기 돌봄 (165)

조용한 확신으로 나를 밀어주는 말들 (168)

3부. 작지만 확실한 자기 행동의 힘

성취보다 실천이 먼저다 (174)

매일의 루틴이 나를 만든다 (177)

자신과 맺는 관계를 회복하는 일 (180)

4부. 내가 나의 리더가 되는 삶

누구도 대신 살아줄 수 없다 (185)

스스로 선택하고 책임지는 힘 (188)

삶의 주도권을 되찾는 연습 (191)

5장. 내가 나의 리더가 되는 삶

1부. 내 안의 목소리를 듣는 연습

외부 기준이 아닌 나의 소리에 귀 기울이기 (199)

비교보다 내면의 질문을 중심에 놓기 (202)

조용하지만 단단한 자기신뢰 만들기 (206)

2부. 지금 이 자리에서 삶을 시작하는 용기

완벽하지 않아도 시작하는 힘 (211)

매일 나에게 묻는 질문 (214)

삶은 타이밍이 아니라 방향이다 (217)

에필로그

'나는 괜찮다'고 말할 수 있을 때까지 (222)

| 프롤로그 |

당신은 누구와 비교하며 살아가고 있는가?

비교는 매일의 일상 속에서 너무도 자연스럽게 일어난다. 타인의 SNS에 올라온 사진 한 장, 회의 시간에 상사의 칭찬을 받은 동료, 친구의 결혼 소식이나 자녀의 성적 이야기까지. 우리는 알게 모르게 남의 삶을 들여다보고 거울처럼 자신의 현재를 비추어본다. 그 비교는 대체 누구와의 것이고 무엇을 기준으로 한 것일까?

철학자 알프레드 아들러는 인간 내면에 자리한 '열등감'이라는 개념을 처음으로 정립한 인물이다. 그는 열등감이 나쁜 것이 아니라 오히려 인간을 성장시키는 에너지일 수 있다고 보았다. 문제는 그 열등감을 어떻게 다루느냐에 있다. 누군가는 비교를 통해 동기를 얻고 앞으로 나아가지만, 누군가는 자신을 깎아내리며 무력감에 빠진다. 그 갈림길에서 중요한 것은 비교의 방향과 해석이다.

이 책은 아들러의 사유를 바탕으로 우리가 일상에서 겪는 비교의 감정과 열등감의 작동 방식을 풀어낸다. 심리학의 언어로 이해하고, 철학의 시선으로 거리를 두며, 실천의 방식으로 나만의 답을 찾도록 돕는다. 이 책은 단순히 비교하지 말자는 위로가 아니다. 비교가 일어나는 구조를 이해하고, 그 안에서 흔들리지 않는 나만의 기준을 세우는 것. 그것이 아들러가 말한 '자기 수용'과

'인간 성장'의 핵심이자, 우리가 일상 속에서 할 수 있는 가장 철학적인 선택이다.

비교는 없어지지 않지만 그 비교에 휘둘릴 것인지, 주도할 것인지는 선택할 수 있다는 사실을 이 책을 읽으며 당신은 깨닫게 될 것이다. 누군가와의 차이가 아닌 나 자신의 성장에 집중할 수 있는 힘을 발견하는 것이 이 책의 목적이다.

비교는 인간을 병들게도 하고 단단하게도 한다. 이제는 묻고 싶다. 당신은 누구와 비교하며 살아가고 있으며 그 비교는 당신의 삶을 어떤 방향으로 이끌고 있는가?

1장

비교는 어디서
시작되는가

1부

나보다 잘나가는 사람을 볼 때,
마음이 불편한 이유

별일 없던 하루를
흔드는 한 장의 사진

아무 일도 없던 평범한 하루. 창밖의 날씨는 적당했고 아침에 마신 아이스 아메리카노는 고소한 맛이었다. 일도 무난했고 특별히 불편한 일도 없었다. 잠깐 스마트폰을 켜고 습관처럼 SNS를 열었더니 보게 된 한 장의 사진이 나를 흔든다. 멋진 여행지에서 환하게 웃고 있는 지인의 모습, 명품 가방을 든 손, 그 옆에 함께 있는 어떤 사람, 그 순간 마음이 이상하게 흔들린다. 조금 전까지 안정적이었던 하루가 갑자기 무너지는 기분이다. **"나는 지금 여기서 뭐 하고 있지?", "저 사람은 참 잘 나가는구나"**라는 생각이 머릿속을 스치고, 잠시 후엔 내 삶 전체를 다시 들여다보게 된다.

이런 감정은 누구에게나 낯설지 않다. 아들러는 인간이 '사회적 존재'임을 강조하며, 타인의 시선과 반응을 기준 삼아 자기 가치를 확인하려는 욕구가 있다고 보았다. 타인의 삶이 눈앞에 펼쳐질 때 우리는 그것을 단순한 이미지로 소비하지 않는다. 그 안에서 나 자신을 비교하고 의미를 읽으려 한다. 이 비교는 언제부터 흔들리는 감정으로 이어지는 것일까?

그 이유는 우리가 보는 한 장의 사진이 단지 '사실'로 머무르지 않기 때문이다. 누군가의 행복한 순간은 곧 나의 결핍처럼 느껴지고, 타인의 성취는 나의 무능으로 전이된다. 그 사람의 인생 전체를 알지 못함에도, 우리는 한 장면만으로 스스로를 판단한다. 이것은 감정이 아니라 해석의 작용이다. 아들러는 다음과 같이 말한다.

"사람은 환경에 의해 상처받는 것이 아니라, 그것을 해석하는 방식에 따라 상처받는다."

SNS는 그 해석을 더 빠르고, 더 자극적으로 만들며 그 안에서 우리는 자신을 '불완전한 존재'로 낙인찍는다. 정말로 부족한 건 우리의 삶일까? 아니면 그 삶을 바라보는 시선일까?

30대 직장인 미정은 어느 날 고등학교 동창이 해외 유명 기업에 취직했다는 소식을 접했다. 그 동창은 과거에 그리 주목받던 친구가 아니었는데 어느새 국제무대에서 활약하며 인터뷰까지 실린 모습을 보자, 미정은 갑자기 자신이 너무 뒤처졌다는 감정을 느꼈다. 마침 그날은 야근까지 예정되어 있었고, 피곤함이 배가 되면서 미정은 혼잣말로 이렇게 말했다. *"내 인생은 왜 이 모양이*

지?" 그날 이후 미정은 며칠 동안 업무에 제대로 집중하지 못했다.

시간을 두고 천천히 되짚어보면 미정이 느낀 감정은 단순한 '질투'가 아니었다. 그것은 '나도 뭔가를 도전해보고 싶다'는 내면의 오래된 욕망이 다시 깨어나는 신호였다. 단지 평소에는 그 감정을 직시할 용기가 부족했을 뿐이다.

비교는 종종 그 사람이 아니라 그 사람이 상징하는 무언가에 대한 갈망에서 비롯된다. 내가 이루고 싶었지만 미뤄두었던 것, 마음 깊숙이 품고 있었던 꿈, 혹은 더 나은 삶에 대한 열망 같은 것들이다. 타인의 빛나는 순간은 그 욕망을 자극하며 동시에 **"나는 왜 아직 거기에 도달하지 못했는가"**라는 질문을 던지게 만든다.

중요한 것은 이 질문에 스스로를 깎아내리는 방식으로 답하지 않는 것이다. 오히려 이렇게 되물어야 한다. **"왜 나는 그 사진에 반응했을까?", "그 안에서 내가 놓치고 있었던 건 무엇일까?"** 그 감정의 뿌리를 추적하다 보면 단순한 열등감이 아니라 내가 진짜로 원하는 삶에 가까워지는 실마리를 발견할 수 있다.

한 장의 사진에 흔들렸던 하루는 나를 되돌아보게 하는 시작일 수 있다. 비교는 고통이지만 그 고통은 방향을 묻는다. 나는 지금 어디로 가고 있는것일까? 그리고 어디로 가고 싶은걸까?

비교는 감정이
아니라 해석이다

비교가 우리 마음에 불편함을 주는 이유는 단순하지 않다. 표면적으로는 '감정'처럼 보이지만 그 속을 들여다보면 훨씬 더 복잡한 작용이 숨어 있다. 아들러는 **"인간은 상황 그 자체에 상처받지 않는다."** 라고 말한다. 사람은 언제나 자신의 해석을 통해 상황을 의미화하는데, 그 의미가 자신을 아프게 만든다는 것이다. 다시 말해 비교가 괴로운 것은 비교 대상 때문이 아니라 그 비교를 통해 자신을 바라보는 방식 때문이다.

동료가 승진했다는 소식을 들었을 때 누군가는 **"나는 언제쯤 저 자리에 오를 수 있을까?"** 라는 자극을 받고 동기부여를 느낀다. 반면 어떤 사람은 **"나는 역시 안 되는 사람인가 봐"** 라며 스스로를 폄하한다. 똑같은 자극에 전혀 다른 반응이 나오는 이유는 각자가 가진 해석의 틀 때문이다. 그것은 자존감, 가치관, 삶의 방향성 등 다양한 요소가 뒤섞여 형성된 해석의 프레임이다.

이때 중요한 것은 감정을 억누르거나 없애려 하지 않는 것이다. 감정은 사라지지 않으며 억누른 감정은 다른 방식으로 표출되거나 내면 깊숙한 곳에서 상처로 굳어진다. 오히려 우리가 해야 할 일은 감정을 '읽는 것'이다. 지금 내가 느끼는 이 불편함이 어디서 비롯되었는지를 천천히 추적해보는 것이다. 그 과정에서 감정은 단서일 뿐이고 해석이 문제의 본질이라는 것을 알게 된다.

아들러는 **"인간은 환경에 따라 사는 존재가 아니라, 그 환경에 부여한 의미에 따라 행동하는 존재다."** 라고 말한다. 이 말은 우리가 비교라는 상황 앞에서 어떤 태도를 선택할지를 결정짓는 핵심적인 통찰이다. 비교는 피할 수 없지만 비교의 해석은 선택할 수 있다.

오랜만에 만난 친구가 창업에 성공했다는 이야기를 전해왔다고 해보자. 당신은 처음에 **"와, 대단하다!"** 하며 감탄하지만 곧이어 마음이 무거워진다. **"나는 아직도 월급날만 기다리고 있는데…"** 라는 생각이 스쳐 지나간다. 이때 당신은 두 갈래의 해석 중 하나를 선택할 수 있다. 첫 번째는 **"나는 왜 저 사람만큼 하지 못했을까"** 라는 자기비난이고 두 번째는 **"나도 언젠가 도전해보고 싶다"** 는 자기 발견이다. 전자는 열등감으로 이어지고 후자는 성장의 단서가 된다.

실제로 아들러는 인간이 성장하고 변화할 수 있는 존재임을 일관되게 강조했고 인간은 과거에 의해 결정되는 것이 아니라 지금의 해석과 선택에 따라 삶을 다시 설계할 수 있다고 보았다. 비교라는 자극 앞에서 어떤 해석을 하는것은 단순한 감정 조절의 문제가 아니라 삶의 방향을 바꾸는 중대한 선택이다.

한 여성은 늘 친구들과 자신을 비교하며 불행해했다. 친구들은 결혼을 하고, 아이를 낳고, 집을 샀지만 자신은 여전히 혼자였다. 그는 자신이 '실패한 인생'을 살고 있다고 믿었고 그래서 더 노력해야 한다고 말했다. 그러자 상담자는 이렇게 물었다. **"정말 당신은 실패한 삶을 살고 있나요? 아니면 그 기준이 당신 것이 아닌 건가요?"** 그 질문을 받은 후 그녀는 처음으로 생각했다. 자신이 가진 기준은 대부분 부모나 사회가 주입한 것이었고, 진짜 자신이 원하는 삶은 다른 방향에 있었던 것이다.

비교는 감정이 아니라 삶의 해석이며 해석은 언제든지 바뀔 수 있다. 같은 상황을 다른 관점으로 보면 전혀 다른 결과가 나온다. 아들러가 강조한 것처럼 우리는 상황의 노예가 아니고 선택의 주체다. 마음이 흔들릴 때 자신에게 이렇게 물어보자.

"지금 이 감정은 어떤 해석에서 비롯된 것일까?"

이 질문이 삶의 방향을 바꾼다. 우리가 비교를 통해 흔들리는 것이 아니라 해석을 통해 중심을 잃는다는 것을 깨닫는 순간, 우리는 다시 중심을 되찾기 시작한다.

SNS는 자극하고,
나는 무너진다

비교의 감정을 가장 날카롭게 건드리는 도구는 단연 SNS다. 우리는 하루에도 수십 번, 아니 수백 번 타인의 일상을 마주한다. 아침엔 누군가의 여행 사진으로 하루를 열고, 점심엔 고급 레스토랑의 음식 사진을 보며, 저녁엔 누군가의 다정한 가족 사진이나 멋진 연애 스냅을 바라보면서 잠에 든다. 이쯤 되면 SNS는 타인의 삶을 엿보는 창이 아니라 나 자신을 끊임없이 평가하게 만드는 거울이 된다.

문제는 우리가 그들이 보여주는 '장면'을 '삶 전체'로 오해한다는 점이다. 누군가가 올린 한 컷은 그날 하루의 전부가 아니지만 우리는 그 한 장의 사진, 그 한 줄의 글에 자신을 대입해버린다.

"나는 왜 저렇지 못할까", "나는 왜 이렇게 평범할까" 그렇게 SNS는 환상 위에 쌓인 비교의 무대다. 우리는 그 무대에서 항상 조연처럼 느끼며 스스로를 실패자라 낙인찍는다.

아들러는 '열등감'이 문제가 아니라 '열등감에 대한 잘못된 대응'이 문제라고 했다. 우리는 SNS를 통해 '상대적으로 낮아진 나'를 발견하게 될 때, 두 가지 반응 중 하나를 택한다. 하나는 **"나는 왜 이렇게 무기력한가", "왜 나는 이만큼도 못 이루었는가?"** 같은 자기혐오이고 또 하나는 나도 뭔가 대단해 보이는 걸 올려야 할 것 같고, 꾸며야 할 것 같고, 인증해야 할 것 같은 과장된 자기과시이다. 이 두 반응 모두 내면을 고립시키며 결국은 자존감을 갉아먹는다.

SNS는 우리의 '현재 위치'를 비추는 도구가 아니다. 오히려 방향 감각을 마비시키는 환각의 나침반이다. 누군가는 인스타그램을 보며 하루 종일 우울해하고, 누군가는 친구의 결혼 사진 한 장에 자신이 초라하게 느껴진다. 그럴수록 우리는 이렇게 되묻는 연습을 해야 한다. **"나는 지금 무엇을 보고 있는가?", "내가 비교하고 있는 것은 진짜 그 사람의 삶인가 아니면 포장된 한 장면인가?"**

한 청년은 SNS를 끊고 나서야 처음으로 스스로의 감정이 얼마나 타인의 삶에 끌려 다녔는지 알게 되었다고 말했다. 그는 이전까지 늘 타인의 행보에 맞춰 자신을 조정하려 했다. 누군가가 시험에 합격하면 자신도 그 시험을 알아봤고, 누군가가 유학을 가면 자신도 해외로 눈을 돌렸다. 그렇게 몇 년을 흘려보낸 끝에 남은 건 방향을 잃은 삶과 공허한 자책뿐이었다.

아들러는 인간은 본질적으로 '공동체 감각'을 지닌 존재라고 보았다. 타인과 연결되려는 욕구, 소속감을 느끼려는 본능이 우리 안에 있다는 뜻이다. SNS는 이러한 공동체 감각을 자극하지만 동시에 왜곡시키기도 한다. 우리는 진정한 연결 대신 '보여지는 존재'가 되기를 원하고, '인정받는 나'로 살아가기 위해 스스로를 끊임없이 비교의 렌즈에 가둔다. 진짜 소통은 점점 줄어들고 겉모습만 남은 관계가 마음을 더 외롭게 만든다.

SNS를 무조건 나쁘다고 결론짓는 것이 아니다. 그것은 단지 도구일 뿐이며 문제는 그 도구를 대하는 우리의 태도다. 비교의 감정에 휩쓸릴 것인지, 아니면 그것을 자극하는 구조를 이해하고 멈춰 설 것인지는 우리의 선택이다. 때로는 멈추고 거리를 두는 용기가 필요하다. 뉴스피드를 스크롤하기보다는 내면의 소리를 들어야 할 시간이다.

SNS는 보여주기 위한 세상이다. 그러나 삶은 보여주는 것이 아니라 살아가는 것이다. 타인의 '좋아 보이는 순간들'에 휘둘리지 않기 위해서는 나의 '살아가는 이유'를 명확히 붙드는 것이 중요하다. SNS에 올라오는 화려한 장면이 부럽게 느껴질 때 그 장면을 보기 전의 나를 떠올려보자. 내가 살아온 시간, 내가 지켜온 태도, 내가 만든 가치등 그 모든 것은 결코 사진 한 장보다 가볍지 않다.

부러움 속에
숨어 있는 내 욕망

　우리는 종종 자신도 모르게 누군가를 부러워한다. 특정한 상황이나 맥락이 없지만 그 사람의 존재만으로도 마음이 요동칠 때가 있다. 무슨 특별한 잘못을 한 것도 없고, 내가 어떤 실패를 겪은 것도 아닌데 괜히 그가 잘되는 모습이 눈에 거슬린다. 그럴 때 우리는 스스로를 책망하거나 그런 감정을 느끼는 자신이 유치하다고 생각하지만 그 감정은 단순한 시기심이 아니라 내 안에 감춰져 있던 '욕망의 신호'일 수 있다.

　아들러는 인간의 감정은 목적을 가진다고 보았다. 단지 '느끼는 것'에 그치지 않고, '어떤 방향으로 나아가고자 하는 의지'가 담겨 있다는 것이다. 부러움 또한 마찬가지다. 누군가를 부러워하는 순간 우리는 어떤 삶을 바라고 있다는 뜻이며, 그 욕망이 아직 채워지지 않았기 때문에 불편함을 느끼는 것이다. 타인의 삶을 보며 마음이 흔들릴 때 우리는 질문해야 한다. "**나는 무엇을 원하고 있는가?**"

오래전부터 글을 쓰고 싶다는 막연한 꿈을 품고 있었던 사람이 있었다. 그는 언제나 책을 좋아했고 글을 쓰는 일에 매력을 느꼈지만, 안정적인 직장을 핑계로 그 열망을 외면해왔다. 그러던 어느 날 인스타그램에 출간 소식을 전한 지인의 게시물을 본다. 표지는 세련되고 서점에 깔린 책 사진도 인상적이다. 그 순간 그의 마음에 요동이 일어난다. "**저 사람은 했는데 왜 나는 못했을까**"이 감정은 단순한 부러움이 아니다. 오랫동안 눌러왔던 욕망이 자극을 통해 다시 고개를 든 것이다.

많은 사람들은 이 감정을 억누르려 하거나 외면하려 한다. "**나는 저런 길엔 관심 없어**", "**그 사람은 운이 좋은 거야**"라며 자신의 감정을 덮어버리지만 감정은 억제한다고 사라지지 않는다. 오히려 더욱 왜곡된 방식으로 튀어나와 우리를 흔든다. 때로는 우울함으로, 때로는 자책감으로, 혹은 타인에 대한 날 선 평가로 나타난다. 중요한 것은 그 감정을 들여다보는 용기다. 감정은 항상 무언가를 알려준다. 특히 부러움은 내가 진짜 원하는 삶의 단서다. 이때 아들러의 조언은 명확하다.

"**감정에 휘둘리지 말고, 그 감정의 '기능'을 파악하라.**"

비교로부터 비롯된 부러움은 방향을 재조정하라는 신호일 수 있다. 그것은 남이 가진 것을 뺏으라는 말이 아니다. 오히려 나에게도 그런 삶을 향한 동경이 있고, 아직 시작하지 못한 일이 있다는 것을 깨달으라는 것이다. 감정을 눌러 없애는 것이 아니라 그것을 해석하고 활용하는 태도가 필요하다.

부러움은 때로는 고통스럽지만 동시에 가장 정직한 내면의 메시지이기도 하다. 우리는 늘 외부로부터 자신을 바라보려 한다. 남의 시선을 통해 나를 정의하고 타인의 평가를 통해 내 위치를 가늠하지만 욕망은 그 반대 방향에서 피어난다. 내 안에서 자라난 작고 어렴풋한 열망 그것이 부러움이라는 형태로 모습을 드러낼 때, 우리는 진짜 자신을 다시 만날 수 있다. 비교를 무조건 부정적으로 볼 필요는 없다. 그것이 불편하더라도 정확히 들여다보면 거기엔 삶을 바꾸고 싶은 내면의 갈망이 숨어 있다. 중요한 건 그 감정에 휘둘리느냐, 길을 찾느냐의 차이다. 누군가를 부러워하는 순간 자신에게 질문해보자. **"나는 지금 무엇을 갈망하고 있는가?"** 이 질문에 답할 수 있을 때, 비교는 고통이 아니라 출발점이 된다.

아들러에게 배우는 나답게 살아가는 법

✓ **비교는 감정이 아니라 해석이다**
타인의 성취가 나를 흔드는 이유는 그 자체가 아니라, 내가 그것을 어떻게 해석하느냐에 달려 있다.

✓ **SNS는 자극을 만들고 해석을 부추긴다**
보여주기 위한 것들을 현실처럼 느낄 때 나는 나를 낮추기 시작한다.

✓ **자기비판과 자기과시, 모두 열등감의 반응일 수 있다**
과한 자기비난이나 과장된 표현 욕구는 내면의 상처에서 비롯된다.

✓ **불편한 감정 속에는 욕망이 숨어 있다**
부러움은 내가 진짜로 원하는 무언가가 있음을 알리는 신호다.

✓ **감정을 억누르지 말고 들여다보라**
감정을 없애려 하지 말고, 감정이 말하려는 방향성을 파악하라.

✓ **질문을 바꾸면 삶의 방향이 보인다**
"왜 저 사람을 부러워할까?"라는 질문은 곧 "나는 무엇을 갈망하는가?"라는 자기이해로 이어진다.

2부

왜 나만 뒤처진 것 같을까?

세상은 나보다
빠르게 나아간다

 우리는 종종 이런 생각에 사로잡힌다. "**왜 나만 이 자리에 멈춰 있는 걸까?**" 어제보다 조금 더 나아졌다는 느낌도 없이 주변 사람들은 모두 앞서 나가고 있다는 생각. 대학 동창이 대기업에 입사했다는 소식을 듣고, SNS 속 지인이 유학을 떠난다며 올린 공항 사진을 보며, 또 다른 친구는 스타트업을 차려 성공했다는 이야기를 들을 때면 내 속도는 왠지 뒤처진 것처럼 느껴진다. 나는 나름대로 열심히 살아가고 있음에도 세상이 나보다 빠르게 흘러가고 있다는 생각이 마음을 무겁게 만든다.

 이런 감정은 단순한 박탈감이 아니다. 그것은 상대적인 속도감각에서 비롯된다. 나는 걸어가고 있다고 생각했지만 모두가 달리고 있다는 사실을 깨달을 때, 우리는 멈춰 있는 기분을 느낀다. 아들러는 인간이 느끼는 '열등감'이 실제 능력의 부족 때문이 아니라 타인과의 비교에서 비롯된다고 말한다. 이 비교는 단순한 결과의 비교가 아니라 '속도'의 비교이기도 하다. '누가 더 빨리 성과를 냈는가', '누가 더 일찍 안정되었는가', '누가 더 빠르게 인정받고 있는가?' 우리는 성취의 '시점'까지 경쟁하게 된다.

속도는 그 자체로 의미가 없다. 목적지 없이 달리는 차는 결국 어디로 가고 있는지도 모른 채 지치고 만다. 누구보다 빨리 잘되고 싶다는 조급함은 내가 정말 가고 싶은 방향을 잃게 만들기도 한다. 세상의 속도에 맞추기 위해 나를 채찍질하면 할수록, 내가 누구였는지 잊어버린다. 아들러는 **"타인과 비교하지 않고 자신의 목표를 향해 나아가는 삶이야말로 진정한 '용기의 삶'이다."** 라고 말한다. '나만의 리듬'을 지키는 것이 자존감을 지키는 일이다.

세상의 속도는 늘 빨라 보이지만 대부분 보여지는 면에 한정되어 있다. 누군가가 성공한 모습과 누군가가 앞서 나아간 듯한 장면은 '결과'만 드러날 뿐, 그 뒤에 쌓인 시간과 노력은 잘 보이지 않는다. 그 누구도 단숨에 그 자리에 도달한 것은 아니다. 우리는 결과만을 보고 조급해하며 자신을 평가절하한다. 비교의 시선을 잠시 거두고 자신만의 걸음걸이를 되돌아볼 필요가 있으며 그것이 불필요한 조급함에서 벗어나는 첫걸음이다.

"당신은 늦은 것이 아니라 시간이 다르게 흐르고 있을 뿐이다."

이 문장은 마음을 다독인다. 각자의 시계는 다르게 설정되어 있다. 누군가는 스무 살에 출발하고 누군가는 서른 살에 방향을 잡는다. 어떤 이는 빠르게 도달하지만 금세 길을 잃기도 하고, 어떤 이는 천천히 가지만 묵직하게 자리 잡기도 한다. 중요한 건 속도가 아니라 방향이다. 방향이 분명하면 속도는 조급하지 않아도 된다.

지금 내 걸음이 느리게 느껴지는 이유는 내가 진짜 원하는 목적지를 아직 정하지 못했기 때문일 수도 있다. 또는 너무 많은 비교 대상 속에서 내 길을 잊어버렸기 때문일 수도 있다. 그럴 때는 멈춰서 되물어야 한다. "**나는 어디로 가고 싶은가?**", "**나는 누구의 시계에 맞춰 살고 있었는가?**", "**그리고 내 속도는 누구의 것이었는가?**"

세상이 빨라 보여 불안하게 느껴질 때 우리는 스스로에게 이렇게 말해줄 필요가 있다. "**나는 나의 속도로 걷고 있다. 이 길은 나의 길이다.**" 이 확신이 있을 때 비교의 그림자에 휘둘리지 않게 된다. 외부의 속도에 맞추느라 스스로를 잃기보다 자신의 리듬을 믿는 것. 그것이 우리가 지녀야 할 삶의 태도다.

'아직도 이것밖에'라는 조급함

"벌써 서른인데 가진 게 없다", "지금쯤이면 뭐라도 돼 있어야 하지 않나?", "이 나이에 이것밖에 안 됐다고?" 이런 말들이 마음속을 무겁게 누른다. 조급함은 늘 시계를 들이댄다. 지금의 나는 어디쯤 와 있어야 하며, 어느 수준까지 올라가 있어야 하고, 어떤 모습을 보여야 하는지를 끊임없이 채찍질한다. 그리고 그 기준은 거의 언제나 내 바깥에서 온다. 부모가 말했던 기대치일 수도 있고, 친구들의 현주소일 수도 있으며, 사회가 강요한 '적정선'일 수도 있다.

우리는 대개 '아직도'라는 말에서 스스로를 질책한다. **"아직도 취업 준비 중이야?", "아직도 혼자야?", "아직도 월세 살아?"** 이런 표현에는 시간이 흘렀으면 당연히 어떤 결과가 나와야 한다는 전제가 깔려 있다. 그 전제는 어디서 왔으며 누가 그 시점을 정했을까? 인간은 자신이 속한 공동체 안에서 끊임없이 비교하며 열등감을 느낀다고 아들러는 말한다. 중요한 건 그 공동체 안에서 나를 바라보는 시선보다 내가 나를 어떻게 해석하느냐이다.

"아직도 이것밖에"라는 말은 결과에 대한 실망이 아니다. 기대한 만큼 도달하지 못한 자신에 대한 판단이다. 그런데 그 기대치는 정말 내 것이었을까? 어릴 적부터 우리는 **"빠를수록 좋다"**, **"남들보다 앞서야 한다"**는 암묵적인 명제를 반복적으로 듣고 자란다. 그러나 인생의 모든 시계가 동시에 작동하는 것은 아니다. 어떤 꽃은 일찍 피고 어떤 열매는 늦게 익는다. 어떤 사람은 직선으로 달리고 또 다른 사람은 곡선으로 돌며 달린다. 그런데도 우리는 한 가지 기준으로 모두를 재단하려 한다. 그 잣대는 결국 자기 자신을 옥죄는 칼날이 된다.

조급함은 성장을 방해한다. 마음이 쫓기면 시야가 좁아지고 판단을 급하게 하면 정확하지 않을 수 있다. 눈앞의 불안을 해소하려고 선택한 길이 더 큰 후회를 만들기도 한다. 아들러는 인간이 '목표 지향적 존재'라고 말했지만 그 목표는 타인의 것이 아닌 자신의 삶에서 설정되어야 한다고 강조했다. 지금 이 순간 내가 걷는 길의 속도나 결과보다 중요한 것은, 그것이 내 의지로 선택한 길인지의 여부다.

"아직도 이것밖에"라고 말하는 대신 이렇게 물어보자. **'나는 지**

금 어떤 것을 배우고 있는가?", "어떤 점이 성장하고 있는가?", "내가 원하는 삶과 얼마나 가까워졌는가?" 이 질문을 던지는 순간 우리는 외부의 시계에서 벗어나 자신의 시간을 살아가기 시작한다. 그 순간부터 우리는 남과 비교하며 초조해하는 사람이 아니라 스스로의 길을 선택한 사람으로 변화해간다.

"이만하면 잘하고 있어"라는 말은 자기기만이 아니다. 그것은 지금까지 살아온 삶을 존중하는 태도다. 조급함은 결과를 앞당기지 못한다. 오히려 지금 이 순간의 집중을 흐트러뜨릴 뿐이다. 자기 자신을 밀어붙이기보다 있는 그대로를 인정하고 격려하는 태도. 그것이 우리를 오래 버티게 하고 더 멀리 나아가게 만든다.

모든 경쟁은
'나'로부터 시작된다

경쟁은 언제부터 시작되었을까? 우리는 종종 경쟁을 외부에서 주어진 것으로 생각한다. 학교에서 성적을 비교당하고, 사회에 나와서는 연봉과 직급, 집 크기와 위치로 평가받는다. 겉으로 보기에 경쟁은 남과의 싸움처럼 보인다. 그 출발점은 언제나 '나'다. 남이 나를 경쟁에 끌어들인 것이 아니라 내가 비교하고 판단하는 순간에 그 게임은 이미 시작된 것이다.

아들러는 인간은 사회적 존재이며 타인과 관계를 맺는 과정에서 열등감을 느끼고 이를 극복하려는 방식으로 삶을 살아간다고 했다. 열등감은 결핍 그 자체에서 비롯되는 것이 아니라, '나 자신이 어떻게 느끼느냐'에 따라 다르게 작동한다. 즉, 경쟁이란 누가 나보다 잘났는지를 따지는 문제가 아니라 내가 스스로 어떤 위치에 있다고 느끼는지에 관한 문제다.

 비슷한 성과를 낸 두 사람이 있는데 한 사람은 만족해하고 성장했음을 느낀다. 하지만 다른 한 사람은 자신보다 앞선 이를 보며 조급함과 패배감을 느낀다. 동일한 환경, 동일한 결과지만 해석은 전혀 다르다. 왜일까? 그것은 기준이 외부가 아니라 자신 안에 존재하기 때문이다. 모든 경쟁은 '타인 VS 나'가 아니라 '나 VS 나'의 구조를 갖는다. 누군가와 비교하는 순간조차 그 비교의 기준은 나의 시선과 가치에서 비롯되기 때문이다.

 이 사실을 깨달으면 중요한 통찰이 생긴다. 경쟁은 피할 수 없는 것이 아니라 해석할 수 있는 것이다. 우리는 흔히 경쟁에서 이기기 위해 무언가를 더해야 한다고 생각한다. 더 배워야 하고, 더 벌어야 하며, 더 보여줘야 한다고 믿는다. 진짜 경쟁에서 벗어나는 길은 '더'가 아니라 '덜'이다. 불필요한 비교, 남의 기대, 사회적 척도를 하나씩 덜어낼 때 우리는 비로소 자신의 속도와 방향을 되찾을 수 있다.

 성공이란 무엇인가? 더 많이 갖고 더 높은 곳에 있는 것이 아니라 자기 삶의 주도권을 가지는 것이다. 누군가는 대학을 일찍 졸업하고 빠르게 사회생활을 시작하지만 그것이 인생의 승리는 아니다. 다른 누군가는 방황 끝에 자기 길을 찾고 더 늦게 꽃을 피울 수 있다. 삶은 레이스가 아니라 각각의 고유한 궤도를 따라 흘러가는 과정이다. 그 흐름에 맞게 나아가는 것 그 자체가 충분한 성취다.

중요한 건 내가 나를 바라보는 방식이다. 오늘 나의 작은 변화, 느리지만 작은 성장, 조용한 결단들이 쌓여 내일의 나를 만든다. 남을 이기기 위해 애쓰는 것보다 어제보다 조금 나아진 나를 만나는 것이 더 깊은 만족을 안겨준다. 진짜 경쟁은 남과의 전쟁이 아니라 내가 나를 어떻게 이끌어가느냐의 싸움이다.

아들러는 **"'누구보다 앞서라'가 아니라 '너답게 살아라'."** 라고 말한다. 경쟁에서 이기는 삶보다 비교에 흔들리지 않는 삶이 더 멀리 간다. 지금 당신이 해야 할 일은 누구를 이길 것인가가 아니라 어떤 삶을 살고 싶은가를 묻는 일이다. 거기서부터 진짜 경쟁이 아닌 진짜 인생이 시작된다.

아들러에게 배우는
나답게 살아가는 법

✓ **속도보다 방향이 중요하다**
   남들보다 느리다는 불안은 내가 원하는 방향을 잃었을 때 생긴다.

✓ **'아직도 이것밖에'라는 말에 속지 마라**
   외부 기준은 나와 맞지 않는다. 내 시간은 나만의 리듬으로 흐른다.

✓ **조급함은 성장을 방해한다**
   중요한 건 속도가 아니라 그것이 내가 선택한 길인가이다.

✓ **경쟁은 '남과의 싸움'이 아니라 '나와의 해석'이다**
   비교는 외부에서 시작되는 듯 보이지만 기준은 결국 내 안에 있다.

✓ **덜어낼수록 내 길이 보인다**
   비교와 조급함을 덜어낼 때 나는 내 속도와 방향을 되찾게 된다.

✓ **진짜 경쟁은 '너답게' 사는 것**
   이기는 삶보다 흔들리지 않는 삶이 멀리 간다.

# 3부

비교가 만드는 감정의 사슬:
욕망, 열등감, 자존감

어린 시절 심어진
비교의 씨앗

　누군가를 부러워하는 마음, 스스로가 초라해 보이는 순간 같은 그 감정의 뿌리를 어디서부터 찾을 수 있을까? 아마도 아주 어릴 적 기억의 가장자리에서부터 시작되었을 것이다. 부모가 형제자매를 놓고 **"누가 더 말을 잘 듣지?"** 이야기하던 순간, 친구보다 조금 못한 성적에 실망하던 눈빛, 누군가의 외모를 은근히 칭찬하면서 나를 쳐다보던 시선들일 것이다. 아이들은 처음부터 남과 나를 비교하지 않지만 어른들은 무의식적으로 혹은 교육이라는 명목으로 비교의 잣대를 들이밀고, 그 기준에 따라 아이의 가치를 평가한다. **"누구는 벌써 한글을 다 뗐대"**, **"그렇게 하면 누가 너 좋아하겠니?"** 라는 말들은 아이의 마음에 '나는 부족하다', '나는 인정받기 위해 더 나아져야 한다'는 강박이 생기게 된다.

문제는 그 생각이 단순한 '동기부여'가 아니라 '존재의 기준'으로 작동하기 시작한다는 것이다. 아들러는 인간이 열등감을 느끼는 것은 자연스러운 일이며 그것이 성장의 동력이 될 수 있다고 했다. 하지만 비교를 통해 형성된 열등감은 성장을 향한 자극이 아니라 '지금의 나로는 안 된다'는 부정적인 자기 인식으로 이어지기 쉽다. 타인의 기준으로 끊임없이 판단받으며 자란 아이는 자신이 무엇을 좋아하는지, 어떤 사람이고 싶은지를 고민하기보다, '어떻게 하면 남보다 더 나아 보일까'에만 몰두하게 된다. 그렇게 자라난 마음은 결국 타인의 기대에 휘둘리고 자기 삶이 아닌 '누군가를 위한 인생'을 살게 만든다.

비교는 단순히 외부의 평가에서 끝나지 않는다. 칭찬과 체벌이라는 훈육의 방식 또한 아이의 내면에 비교의 감각을 각인시킨다. **"잘했어! 역시 우리 아들이지", "이런 식이면 친구도 못 사귀겠다"**는 말들은 아이에게 어떤 행동이 옳고 그른지를 가르치기보다는 '칭찬받는 나만이 괜찮은 나'라는 오해를 심는다. 처음엔 부모의 미소가 좋았을 것이다. 선생님의 칭찬 스티커에 기뻐했고, 친구들의 박수에 어깨가 으쓱했을 것이다. 하지만 그 감정을 더 얻고 싶은 마음은 곧 행동의 동기로 작용하고, 그 반복은 점점 외부의 기준을 자신의 중심으로 받아들이게 만든다.

아들러는 인정 욕구 자체는 인간 본성의 일부라고 말한다. 문제는 그 욕구가 자신이 아닌 타인의 기준에 종속될 때다. 아이는 점점 '내가 옳다고 느끼는것'보다 '사람들이 좋아할까'를 중심으로 판단하기 시작하고, 결국엔 스스로를 판단하는 기준조차 외부에 맡긴 채 살아가게 된다. 성인이 되어서도 마찬가지다. 직장에서 실적이 떨어질 때, 연인에게서 차가운 반응을 느낄 때 우리는 쉽게 자존감을 잃는다. **"내가 뭘 잘못했지?", "이래서 내가 부족한 거야"** 라는 생각은 사실 오래전부터 반복되어 온 타인의 반응에 민감하게 반응하는 자아의 패턴이다.

이 모든 비교의 기억과 기준의 핵심에는 '부모의 말 한마디'가 자리하고 있다. **"넌 원래 그런 걸 못하잖아", "형처럼 해봐", "이 정도는 해야 우리 딸이지"** 같은 말은 단지 순간적인 훈육이 아니라 아이의 존재를 규정하는 기준이 된다. 어린아이는 부모의 시선을 통해 자신을 이해하고 세상을 해석한다. 그 시선이 '조건부 사랑'과 '상대적 평가'로 가득 차 있다면 아이는 자신이 있는 그대로 사랑받을 수 있다는 감각을 갖지 못한다. 그렇게 형성된 자아는 불완전하다는 신념을 안고 살아가고, 중요한 선택의 순간마다 **"내가 과연 괜찮은 사람일까?"** 라는 물음을 스스로에게 던지게 된다.

어릴 적의 말 한마디는 쉽게 잊히지 않는다. 그 말이 지금도 내 안에서 반복되고 있다면, 우리는 먼저 그 말이 절대적인 진실이 아니었다는 사실을 인식해야 한다. 부모의 말은 그들의 불안, 기대, 혹은 상처가 반영된 해석일 뿐이다. **"넌 원래 그런 걸 못해"** 라는 말은 단지 그 상황에서의 한계일 수 있고 **"형처럼 해봐"** 는 사실 비교라는 방식으로 표현된 관심이었을지도 모른다. 그 말에 묶여 살아갈 필요는 없다.

더 나아가 우리의 부모 또한 완전한 존재가 아니라는 사실을 알아야 할 필요가 있다. 부모들 또한 자신이 받은 상처와 부족함 속에서 아이를 길러낸 존재다. 그들의 말이 지금의 나를 지배하지 않도록 하기 위해서는, 그 말을 해석하는 권한을 '지금의 나'에게 돌려주어야 한다. 아이였던 나는 반박할 수 없었지만 지금의 나는 스스로의 해석자가 될 수 있다. 지금 나는 어떤 말도 새롭게 해석할 수 있는 힘을 가지고 있다.

비교는 누구에게나 익숙한 감정이지만 그것이 내 삶을 휘두르게 둘 것인지, 나의 기준으로 삶을 다시 세울 것인지는 전적으로 나의 몫이다. '비교당했던 아이'로 남을 것인지, '기준을 재정의하는 어른'으로 살아갈 것인지를 선택해야 한다. 그 시작은 단순하다. 과거의 말을 있는 그대로 인정하고, 그것이 내 전부가 아님을 스스로에게 말해주는 것이다. 그 말은 상처였지만 더이상 머물 필요는 없다. 지금의 나는 충분히 다른 길을 선택할 수 있다.

인정받고 싶은 마음은 왜 생길까?

"누구나 마음속에 박수를 갈망한다."

이 문장은 인정받고 싶은 인간의 본능을 정확히 짚어낸다. 칭찬 한마디에 얼굴이 환해지고, 성과를 알아주는 시선 앞에서 마음이 열리는 것은 단순한 자존심이나 허영심 때문이 아니다. 그것은 인간이라면 누구나 타고난 심리적 갈망, 바로 인정욕구 때문이다. 이 욕구는 아들러 심리학에서 매우 중요한 위치를 차지하는 개념이다. 그는 인간의 행동을 이끄는 강력한 내면의 에너지로 '소속되고 싶고, 인정받고 싶은 욕구'를 꼽았다. 결국 '나는 괜찮은 사람이다'라는 감각을 얻고자 우리는 수많은 행동을 선택한다.

인정욕구는 처음부터 과도했던 것이 아니며 대부분 유년기, 특히 부모와 교사, 또래 친구의 반응을 통해 서서히 자라난다. **"잘했어!", "역시 우리 아들이 최고"**와 같은 칭찬은 처음엔 따뜻한 보상이었지만 반복될수록 '칭찬이 있어야 내가 괜찮은 사람'이라는 조건부 자기 인식을 만들게 된다. 더 이상 행동의 동기는 '내가 좋아서'가 아니라 '잘 보이기 위해서'가 된다. 아이는 성과보다 반응에 민감해지고, 성인이 된 후에도 **"내가 정말 잘하고 있나?"**보다 **"사람들이 날 어떻게 볼까?"**를 먼저 고민하게 된다.

이런 패턴은 삶의 모든 영역에 영향을 미친다. 일에서든 관계에서든 우리는 끊임없이 '괜찮은 사람'으로 보이기를 원한다. 말투를 고치고, 감정을 조절하고, 실수하지 않으려 애쓰는 이유도 결국은 타인의 기준에 부합하고 싶기 때문이다. 하지만 이 바람이 과해지면 자신을 있는 그대로 받아들이지 못하고 늘 더 나은 모습만 보여줘야 한다는 압박에 시달리게 된다. 그렇게 '더 괜찮은 사람'이 되기 위한 노력은 어느새 **"지금의 나는 부족해"**라는 전제가 되어버린다.

문제는 우리가 이 욕구를 스스로도 잘 인지하지 못한 채 살아간다는 데 있다. 우리는 자주 자신을 속인다. **"이 일은 내가 좋아서 하는 거야", "열심히 사는 게 나의 삶의 방식이야"**라고 말하지만 실제로는 **"그래야 쓸모 있는 사람처럼 보이니까", "그래야 인정받을 수 있으니까"**라는 조건이 숨어 있는 경우가 많다. 아들러는 이것을 '타인의 시선을 중심에 두는 삶'이라고 지적한다. 진짜 의미를 추구하는 삶은 타인의 기준이 아닌, 스스로 정한 가치에 따라 움직이는 삶이다. 인정은 결과가 아니라 부수적 현상이 되어야 한다.

하지만 현실은 다르다. 우리는 인정이 없으면 불안하다. SNS에서 '좋아요'를 받아야 성취가 진짜처럼 느껴지고, 누군가의 칭찬이 없는 하루는 무의미하게 느껴지기도 한다. 인정은 삶의 목적이 되고 '더 큰 박수'를 위해 더 많이 비교하고 경쟁하게 되며, 내 페이스는 사라지고 타인의 기준에 따라 삶을 설계하게 된다. 결국 타인의 인정은 내 자존감의 연료가 아닌 족쇄가 된다.

이 욕구를 억누르려 할 필요는 없다. 인정받고 싶은 마음은 없애야 할 감정이 아니라 이해하고 다스려야 할 감정이다. 누구나 박수를 원하지만 박수에 휘둘리지 않는 힘을 기르는 것이 중요하다. 진짜 괜찮은 사람은 칭찬이 없어도 자신을 격려할 줄 알고, 누군가의 인정 없이도 삶의 의미를 만들어간다. 실수해도 자신을 탓하지 않고, 부족함 속에서도 자신을 존중할 줄 안다.

'괜찮은 사람'이 되고 싶은 마음은 결국 사랑받고 싶다는 마음의 또 다른 표현이다. 하지만 그 사랑이 조건 위에 놓일 때, 우리는 끊임없이 괜찮아지려 애쓴다. 이럴 때일수록 스스로에게 물어보자. **"지금 나는 내 삶을 주체적으로 살고 있는가?"** 이 질문에 **"그렇다"**고 대답할 수 있다면 우리는 이미 충분히 괜찮은 사람이다. 세상의 기준에 맞추지 않아도, 남들보다 뛰어나지 않아도, 스스로를 존중하며 살아가는 삶이야말로 진짜 괜찮은 삶이다.

오늘 하루를 열심히 살아낸 당신에게 말하자.

"수고했다, 잘 해냈어"

이 한마디는 세상의 모든 박수보다 더 깊고 오래 당신을 지탱해줄 것이다.

잘해도 불안한
이유는 무엇일까?

 잘하고 있음에도 불안한 마음이 가시지 않는 이들은 많다. 성과도 냈고, 인정을 받았으며, 겉보기에는 아무런 문제도 없어 보인다. 그런데도 마음 한구석은 늘 허전하고 초조하다. 이유는 무엇일까? 그 시작은 '증명하고 싶은 마음'에 있다. 우리는 타인뿐 아니라 스스로에게도 끊임없이 자신을 증명해야 마음이 놓인다. 좋은 결과를 내고, 칭찬을 받고, 목표를 성취해도 그 안도감은 오래가지 않는다. 이번엔 운이 좋았던 건 아닐까 하는 불안이 다시 고개를 든다. 성공의 순간조차 마음은 조용히 흔들리고 있는 것이다.

 아들러는 인간의 동기를 '우월성 추구'와 '열등감 극복'이라는 두 축으로 설명했다. 우리가 자신을 증명하고자 하는 욕망은 이 두 가지와 밀접하게 연결되어 있다. 자신이 부족하다는 믿음을 벗어나기 위해 더 많은 성취와 인정을 원하고, 그것을 통해 우월함을 확인하려 한다. 하지만 그 기준이 외부에 있을 때 즉 타인의 평가나 사회적 지위, 성과에 의존할 때 자존감은 끊임없이 흔들릴 수밖에 없다. 왜냐하면 외부의 기준은 언제든 바뀔 수 있고, 결코 나에게 완전한 확신을 주지 못하기 때문이다.

한때는 절실히 원하던 성취였지만 막상 이루고 나니 만족은 잠시뿐이다. 승진, 합격, 프로젝트 성공, 높은 연봉, 좋은 평가등 모든 것을 손에 넣어도 마음속 허기는 쉽게 채워지지 않는다. 그 이유는 성과가 아니라 존재의 허기 때문이다. 자신을 있는 그대로 수용하지 못하고 무엇을 이루어야만 괜찮은 사람이라고 느끼는 구조에서는 어떤 성과도 안정을 주지 못한다. 칭찬은 두려움으로 바뀌고 성공은 다음 성공에 대한 압박으로 변한다. **"나는 이 자리에 있을 자격이 있을까?"** 라는 불안이 늘 그림자처럼 따라다닌다.

이처럼 성취 중심의 자존감은 성과가 유지될 때만 작동한다. 조금만 삐긋해도 스스로를 무가치하게 느끼고 다음 성과를 향해 다시 몸을 던져야 한다. 자신을 조건부로만 받아들이는 사람은 실패 앞에서 쉽게 무너지고 작은 실수에도 존재 전체가 흔들린다. 아들러는 이런 삶의 방식에 대해 경고한다. 남보다 나은 위치에 있어야만 자신을 긍정할 수 있다면 그 자존감은 언제나 위태롭다.

어떻게 해야 이 불안에서 벗어날 수 있을까? 자기 존재의 가치를 외부가 아니라 내부에서 찾는 연습이 필요하다. 성과가 아닌 존재 자체를 받아들이는 것이다. 잘해도 괜찮고 못해도 괜찮은 그런 나를 믿어주는 것이다. 아들러는 **"타인과의 경쟁보다는 '어제의 나보다 나은 오늘의 나'를 지향해야 한다."** 라고 말한다. 그 비교는 조급함이 아니라 성장을 위한 기준이기 때문이다.

실패를 바라보는 시각도 달라져야 한다. 실패는 무가치함의 증거가 아니라 삶의 일부이고, 더 나은 나를 위한 과정이다. 실패 속에서도 자신을 존중할 수 있는 사람만이 진짜 자존감을 가질 수 있다. 잘해도 불안한 이유는 내가 나를 있는 그대로 받아들이지 못하기 때문이다. 내가 나에게 보내는 시선을 바꿔야 한다.

"너는 지금도 충분히 괜찮아"

이 말을 마음속에서 진심으로 받아들일 수 있을 때, 비로소 우리는 증명하지 않아도 되는 삶을 살 수 있다. 비교에서 자유롭고, 결과에 휘둘리지 않으며, 나 자신으로 살아갈 수 있다.

남들이 보는 내가
진짜 나처럼 느껴질 때

가끔은 타인의 시선이 나를 정의하는 것처럼 느껴진다. 누군가가 내게 **"요즘 잘 나가더라"**, **"되게 똑 부러지는 스타일이야"**라고 말하면, 그 이미지에 나 자신을 맞추기 위해 애쓴다. 그렇게 외부의 시선과 기대가 나를 규정하고 나는 그 규정에 갇혀 살아간다. 그게 진짜 나인지 타인이 만들어낸 나인지 헷갈릴 정도로 깊이 스며든다. 이럴 때 우리는 '남들이 보는 내가 곧 진짜 나'라고 믿어버리기 쉽다.

"나는 누구인가"라는 질문은 어쩌면 평생 따라다니는 숙제다. 그런데 타인이 바라보는 시선은 이 질문에 대한 가장 빠르고 간편한 해답처럼 보인다. 거기에는 어느 정도의 안도감이 있다. 남들이 괜찮다고 말해주면 스스로를 확인받는 듯한 기분이 들기 때문이다. 그러나 그 감정은 오래가지 않는다. 조금만 비판적인 시선을 받거나 기대에 미치지 못하는 순간이 오면, 그동안 쌓아온 '나'는 금새 허물어지고 다시금 불안에 휩싸인다.

아들러는 인간은 타인의 시선을 벗어나야 비로소 자신의 삶을 살 수 있다고 보았다. 그는 **"우리는 타인의 기대를 충족시키기 위해 살아가는 존재가 아니다."**라고 단호하게 말한다. 타인의 시선 속에 사는 삶은 외견상 안정적으로 보일지 모르지만 실은 자기 자신을 조금씩 지워가는 과정일 수 있다. 그렇게 살아가다 보면 나는 나의 삶을 살고 있는 것이 아니라 '남들이 원하는 삶'을 대신 살아가고 있을지도 모른다.

사회적 관계에서 '평판'은 중요한 역할을 한다. 좋은 평판은 기회를 만들어주고 나쁜 평판은 문을 닫게 한다. 우리는 '좋은 사람'처럼 보이기를 원하지만 그 바람이 과해지면 결국 나는 '보이는 나'를 유지하기 위해 진짜 나를 억누르게 된다. 그렇게 살아가다 보면 어느 순간 스스로를 잃어버리고, **"나는 대체 어떤 사람이었지?"**라는 공허함이 찾아온다.

우리가 잊지 말아야 할 사실은 타인의 시선은 언제든 변할 수 있다는 것이다. 오늘은 응원의 말을 하던 사람이 내일은 차가운 시선으로 등을 돌릴 수도 있다. 그들의 기준은 나의 통제가 불가능한 외부 변수에 따라 움직이기 때문이다. 그렇다면 그 변덕스러운 기준에 나의 정체성을 맡기는 것이 과연 옳을까? 나는 어떤 상황에서도 '나'일 수 있어야 한다. 그것이 진짜 나를 지키는 일이다.

자신의 내면에 귀 기울이는 삶은 결코 쉽지 않다. 그보다는 외부의 기준에 맞춰 살아가는 것이 더 익숙하고 편할 수 있다. 타인의 시선이 만든 내가 아니라 내가 진정 바라는 나로 살아가야 삶은 온전히 내 것이 된다. 누가 뭐라고 하든 내가 느끼는 만족과 기쁨이 삶의 중심이 되어야 한다. 그것이 바로 아들러가 말한 '자기 인생의 주인이 되는 길'이다.

진짜 나로 살아간다는 것은 자기 삶의 책임을 자신에게 돌리는 일이다. 인정받지 않아도 괜찮고 기대에 부응하지 않아도 괜찮다고 말할 수 있을 때, 우리는 진정한 자유를 얻는다. 그 자유 속에서 비로소 우리는 '남들이 보는 나'가 아니라 '내가 아는 나'로 살아갈 수 있다.

당신은 어떤 사람인가? 타인이 말해주는 당신이 아니라 조용히 내면을 들여다봤을 때 떠오르는 그 모습이 바로 진짜 당신이다. 진짜 당신을 믿고 사람 답게 살아가자. 누구보다 먼저 당신 자신에게 **"나는 괜찮은 사람이야"**라고 말해줄 수 있어야 한다. 그 한마디가 스스로를 지키는 가장 강한 힘이 될 것이다.

아들러에게 배우는
나답게 살아가는 법

✓ **열등감은 비교가 아닌 해석에서 시작된다**
어릴 적 비교당한 경험은 잘못된 믿음으로 자라날 수 있다.

✓ **'인정 욕구'는 타인이 아니라 나로부터 다스려야 한다**
칭찬이 습관화되면 스스로의 가치를 타인의 반응에 맡기게 된다.

✓ **자기비판과 자기과시, 모두 열등감의 반응일 수 있다**
과한 자기비난이나 과장된 표현 욕구는 내면의 상처에서 비롯된다.

✓ **성과 중심의 자존감은 늘 불안하다**
잘해도 불안한 이유는 내 존재를 성과로 증명하려 하기 때문이다.

✓ **남들의 시선이 나를 대신 정의하지 않게 하라**
타인의 시선에 맞춘 삶은 결국 나를 지우는 삶이 된다.

✓ **부모의 말도 지금의 나로 다시 해석할 수 있다**
과거의 비교와 평가보다 지금의 내가 해석의 주체가 되어야 한다.

✓ **진짜 자존감은 '괜찮다'고 말할 수 있는 힘이다**
내면의 목소리에 귀 기울일 때, 우리는 진짜 나로 살아갈 수 있다.

2장

우리는 왜 열등감을 부정하는가?

1부

감추고 싶은 감정
'열등감'

아무렇지 않은 척하지만,
마음은 도망치고 있다

"나는 저런 거에 관심 없어"

누군가가 인스타그램에 화려한 일상을 올리거나 성취를 자랑할 때, 우리는 종종 이런 말을 내뱉는다. 속으로는 부러우면서도 겉으로는 시큰둥한 표정을 짓거나 화제를 돌린다. 무관심한 척하는 태도는 열등감을 들키지 않기 위한 방어기제다. 아들러는 인간의 행동은 '목적지향적'이라고 했다. 무관심한 태도 역시 상처받지 않기 위한 전략일 뿐이다. 하지만 이 전략이 반복되면 감정은 눌리고 마음은 점점 멀어진다. 그렇게 우리는 무관심한 척 도망치면서 결국 진짜 원하는 삶과는 거리를 둔다.

문제는 이런 방어의 태도가 반복되면 나중에는 자기 자신도 속이게 된다는 점이다. **"정말 관심이 없나?"** 되묻게 되는 것이다. 우리는 무관심한 것이 아니라 사실은 상처받을까 봐 두려운 것이다. 다른 사람의 성취를 있는 그대로 받아들이지 못하고 **"쟤도 별거 없어"**라는 속마음으로 스스로를 위로한다. 상대를 깎아내릴수록 내 마음은 잠시 편해질 수 있지만 그 위안은 오래가지 않는다. 오히려 타인의 성취를 볼 때마다 불편해지고 비교의 감정은 마음속 깊은 곳에서 계속 부풀어 오른다.

아들러는 **"인간은 누구나 열등감을 느끼며 그것이 성장의 동력이다."**라고 말한다. 비교는 자연스러운 감정이다. 중요한 건 그 감정을 어떻게 다루느냐. 건강한 사람은 비교를 성장의 자극으로 삼지만, 감정을 회피하는 사람은 도리어 자신을 억누르고 도망친다. 시험을 잘 본 친구를 보고 **"나는 시험에 관심 없어"**라고 말하는 것은 단순한 무관심이 아니라 비교의 고통에서 스스로를 지키기 위한 방어다. 마치 '도전하지 않음'을 당당함으로 포장하는 식이다.

이러한 태도는 종종 '도피성 자존감'으로 나타난다. 도피성 자존감은 비교나 실패의 상황을 피하기 위해 스스로 만든 껍데기에 불과하다. **"그건 내 길이 아니야"**, **"나는 원래 이런 사람이야"**라고 말하며 자신을 지키려 하지만 이런 태도는 진짜 감정과 욕망을 외면하게 만든다. 자기 합리화는 상처의 본질을 가리기 위한 마법 같은 기술처럼 보이지만, 실상은 자신을 외면하고 기만하게 만드는 독이 된다. 겉으로는 괜찮은 척해도 속에서는 **"나는 왜 이만큼밖에 안 될까?"**라는 열등감이 깊어져 간다.

더 무서운 건 자기합리화가 쌓이면 '진짜 감정'이 사라진다는 것이다. 우리는 어느 순간부터 스스로도 믿지 못하게 된다. 타인을 향한 감정이 왜곡되고, 모든 성취가 가식처럼 보이며, 비교의 감정은 질투로 바뀐다. 그러면서도 정작 자신은 왜 힘든지를 알지 못한다. 왜냐하면 처음부터 감정을 솔직하게 마주한 적이 없기 때문이다. 자기합리화는 잠시의 위안이지만 지속적인 행복을 보장하지 않는다. 그것은 문제의 본질로부터 멀어지게 할 뿐이다.

"저 친구도 별거 아냐" 이 말은 타인을 깎아내리는 말이 아니라 결국은 나 자신을 보호하기 위한 말이다. 우리는 자신의 평범함을 쉽게 인정하지 못한다. 상대를 깎아서라도 겨우 균형을 맞추려 한다. 우리는 타인의 성공을 축하하지 못하고 마음속에 거리를 만드는데 이는 관계의 단절로 이어지고 나 자신을 더 고립시킨다. 타인을 불신하게 되면 그 불신은 고스란히 나 자신에게도 번지게 된다.

아들러가 말한 '용기의 심리학'은 이 지점에서 의미를 가진다. 무관심한 척하지 않고 **"나는 부럽다"**, **"나는 열등감을 느낀다"**라고 말할 수 있는 용기가 진짜 자존감을 만든다. 자존감은 비교를 피해서 만들어지는 것이 아니다. 비교를 인정하고 그 감정 위에서 스스로를 다시 일으켜 세우는 것, 즉 자기 수용이다. 자존감은 타인의 평가를 차단하는 것으로 얻어지는 게 아니라 상처받을 가능성이 있음에도 다시 관계를 시도하고, 비교의 감정을 견디는 힘에서 길러진다.

진짜 강함은 '피하지 않는 태도'에서 비롯된다. 인정은 고통스럽지만 그 고통을 피하면 진짜 성장도 없다. 타인의 성취 앞에서 나 자신을 지키고 싶다면 무관심한 척하지 말고, 솔직하게 감정을 들여다 보아야 하는 것이다. **"나는 정말 무관심한가, 아니면 상처받을까 봐 두려운가?"** 이 질문은 단순하지만 내면의 진실에 가까워지는 첫걸음이다.

누군가 잘될 때 진심으로 **"좋겠다"**, **"부럽다"**고 말할 수 있는 용기는 나를 낮추는 게 아니라 비교의 감정을 인정하고 타인의 성취와 내 삶을 분리해서 바라보는 성숙한 태도다. 타인의 성공이 나의 실패를 뜻하지 않는다는 사실을 인정하는 것이야말로 우리가 열등감에서 자유로워지고 진짜 나 자신을 회복할 수 있는 시작점이라고 아들러는 말한다.

타인을 향한 시선,
나를 향한 방어

'괜찮아 보이는 사람'은 정말 괜찮은 사람일까? 우리는 종종 타인의 겉모습에 속는다. 밝은 표정, 성취의 이력, 다정한 말투에 쉽게 '부러운 사람'이라는 이미지를 덧씌우며 그 이미지를 기준으로 자신도 평가한다. 타인의 시선에 끌려가는 삶은 자신의 삶을 살지 못하게 만든다고 아들러는 말한다. 비교는 타인의 기준을 나의 삶으로 끌고 들어오며 그 시선 속에서 우리는 자신을 방어하기 시작한다.

가장 흔한 방어는 '괜찮은 척'이다. 우리는 타인에게 괜찮아 보이기 위해 웃는다. 불안한 마음은 숨기고 부족한 부분은 감춘다. 누가 묻기라도 하면 **"괜찮아, 나야 뭐 늘 그렇지"**라고 대답한다. 이 말은 겸손의 표현이 아니라 상처받지 않기 위한 방어다. 아들러는 인간이 타인의 평가에서 자유롭지 못할 때, 자존감이 아니라 '타존감'에 얽매이게 된다고 지적한다. 우리는 진짜 자신을 드러내지 못하고 타인의 기대에 부합하는 자아를 연기한다.

이런 방어는 아주 어릴 적부터 시작된다. 어린 시절 부모의 칭찬이나 꾸중이 '남들과 비교했을 때'를 기준으로 주어졌다면, 우리는 자연스럽게 타인의 시선에 민감해질 수밖에 없다. **"넌 왜 동생처럼 못하니"**, **"누구네 아들은 벌써 이걸 한다더라"** 같은 말은 존재 자체보다는 성취를 기준으로 사랑받아야 한다는 인식을 심어 준다. 그리고 이 인식은 어른이 된 이후에도 '인정받아야만 괜찮은 사람'이라는 신념으로 남게 된다.

타인의 기준이 마음속으로 침투하면 우리는 점점 더 '보이는 나'를 강화하기 위해 애쓴다. 겉으로는 자신감 있는 말투와 태도를 보이지만 마음은 누군가의 평가에 흔들린다. 잘나가는 사람을 보면 불안하고 회식 자리에서 칭찬받는 동료를 보면 왠지 초라해진다. 이때 드러나는 심리는 단순한 질투가 아니다. 그것은 '나도 괜찮은 사람'이라는 확신이 부족해서 생기는 방어다. 비교는 결국 자존감의 문제로 귀결된다.

이런 불안은 자칫하면 완벽주의로 이어진다. 어떤 사람들은 실수하지 않기 위해 지나치게 조심하거나, 항상 최고의 결과를 내기 위해 자신을 몰아붙인다. 타인의 기대를 만족시키기 위해 스스로를 소진하는 것이다. 그러나 아무리 잘해도 마음이 편하지 않다.

왜냐하면 그들의 기준은 계속 바뀌고 내 성취는 곧 당연한 것이 되기 때문이다. 타인을 기준으로 삼는 삶은 결국 끝없는 경주일 뿐이라고 아들러는 말한다.

더 무서운 방어는 자신도 모르게 자아와 이미지가 일치해버리는 경우다. '남들이 보는 나'가 곧 '진짜 나'라고 착각하게 되는 것이다. 누군가에게 인정받고 나면 비로소 존재가 확인되는 느낌이 들고, 박수와 칭찬이 자존감을 대신하게 된다. 이 상태에서는 타인의 시선이 끊이지 않는 한 진정한 만족을 느끼기 어렵다. 언제든 누군가에게 밀릴 수 있고 비교에서 지면 존재감 자체가 흔들린다. 이것이 바로 '자존감의 외주화'다.

마음 깊은 곳에서는 이런 삶에 대한 피로가 쌓인다. 항상 좋은 모습만 보여야 한다는 강박, 실망시켜선 안 된다는 압박은 우리를 불안하게 만든다. 그래서 혼자 있는 순간에도 타인의 시선을 상상하며 스스로를 평가하고, **"지금 이 모습으로도 괜찮은가"**라는 질문에 스스로 선뜻 답하지 못한다. 이런 내면의 불편함은 종종 **"나는 원래 이런 스타일이야"**라는 말로 포장된다. 방어의 언어는 많지만 그 모든 것들은 자신을 지키기 위한 전략이다.

아들러는 묻는다. **"당신은 누구의 인생을 살고 있습니까?"** 이 질문은 단순하지만 강력하다. 타인의 기준, 시선, 기대에 맞춰 살아가는 동안 우리는 진짜 '나'는 점점 희미해진다. 삶의 방향이 바깥에 있는 사람은 흔들릴 수밖에 없다. 타인의 시선에서 벗어난다는 것은 그 시선을 무시하라는 뜻이 아니다. 그것은 '그 시선을 의식하면서도 휘둘리지 않는 힘'을 가지라는 뜻이다.

자기 자신을 지키는 힘은 타인의 시선을 버리는 데서 오는 것이 아니라 스스로를 바라보는 시선을 회복할 때 생긴다. 타인의 기대에 부응하기 위해 만든 자아가 아니라 있는 그대로의 나를 인정하는 용기에서 자존감은 시작된다. 비로소 우리는 방어하지 않고도 살아갈 수 있게 되며 비교하지 않고도 스스로를 인정할 수 있게 된다.

이런 삶이야말로 아들러가 말한 '진짜 자유'에 가까워진다. 그것은 누구에게 인정받지 않아도 내가 괜찮다고 믿는 힘이며, 박수를 받지 않아도 나를 지지할 수 있는 용기다. 더 이상 숨지 않고, 괜찮은 척하지 않으며, 비교에 휘둘리지 않아야 한다. 그렇게 우리는 타인을 향한 시선이 아니라 나를 향한 신뢰로 삶을 다시 살아갈 수 있다.

열등감을 덮는
우월감이라는 가면

많은 사람들이 겉으로는 당당하고 자신감 넘쳐 보이지만, 그 속에는 쉽게 들키지 않는 열등감이 숨어 있는 경우가 많다. 아들러는 열등감을 숨기기 위한 가장 흔한 방어기제로 '우월감'을 꼽는다. 열등한 감정을 직접 마주하지 못할 때, 사람은 무의식적으로 자신이 남들보다 더 낫다는 환상을 만들어낸다. 이 환상은 단순한 자신감이 아니라 타인을 내려다보며 자신을 올려 세우는 왜곡된 믿음이다. 겉으로 드러나는 태도는 당당하지만 내면에는 불안정함이 자리하고 있다.

우월감은 비교에서 비롯된다. 누군가보다 부족하다고 느끼는 순간 열등한 감정을 피하려고 반대 방향으로 도망친다. 스스로 외모에 열등감을 느끼는 사람은 다른 사람의 외모를 평가하거나 비난하는 식으로 자신을 우위에 두려 한다. 학벌에 대한 콤플렉스를 가진 이가 끊임없이 자신의 지적 능력을 강조하거나, 상대의 무지를 지적하면서 존재 가치를 입증하려 할 수도 있다. 이런 우월감은 실제 자신감에서 비롯된 것이 아니라 비교를 통해 만들어진 위장된 심리다.

문제는 이 가면이 일시적인 위안을 줄 수는 있지만, 진짜 열등감을 해결해주지는 않는다는 데 있다. 오히려 타인을 깎아내리고 자신을 과장하면서 더 깊은 고립에 빠지게 된다. 자신도 모르게 관계에서 경직되고 경쟁을 피할 수 없는 상황에서도 방어적으로 반응하게 된다. 가까운 관계일수록 이 우월감은 치명적인 오해를 불러일으킬 수 있다. 타인이 느끼는 고압적 태도나 평가하는 시선은 결국 관계의 거리감을 만든다. 아들러는 이렇게 말한다.

"자신을 남보다 우월하다고 생각하는 사람은, 사실 자신을 누구보다 열등하다고 믿는 사람이다."

우월감을 가지려는 마음속에는 항상 '가치가 부족한 나'에 대한 두려움이 존재한다. 진짜 자신감은 타인을 깎아내릴 필요가 없고 비교할 필요도 없다. 단지 있는 그대로의 자신을 인정하고 받아들이는 것에서부터 출발한다.

우월감은 결국 자기 자신에 대한 불신에서 비롯된다. 불안을 지우기 위해 스스로를 부풀리고, 상처를 가리기 위해 타인을 깎아내리지만 그런 방식으로는 진짜 마음의 평온을 얻을 수 없다. 열등감은 더 교묘하게 내면을 잠식하기에 우리는 가끔 자신에게 물어야 한다. **"내가 당당한 척하고 있는 이유는 무엇인가?", "혹시 그 속에 드러내기 두려운 감정이 숨어 있는 것은 아닐까?"**

진짜 강함은 우월함에서 오는 것이 아니라 열등한 감정을 정직하게 마주하는 용기에서 시작된다. 비교를 멈추고, 타인을 깎아내리지 않아도 되는 삶이 아들러가 말한 진정한 자기 수용의 길이며, 더 이상 가면을 쓰지 않아도 되는 해방의 시작이다.

아들러에게 배우는 나답게 살아가는 법

✓ **무관심한 척은 상처받지 않으려는 방어다**
 "나는 관심 없어"라는 말 뒤에는 피하려는 자기 합리화가 숨어 있다.

✓ **도피성 자존감은 진짜 감정을 가린다**
 "그건 내 길이 아니야"라는 말은 자기기만일 수 있다.

✓ **진짜 용기는 비교를 인정하는 것이다**
 "부럽다"라고 말할 수 있을 때 자기 수용 위에 자존감이 세워진다.

✓ **타인의 성취는 나의 실패가 아니다**
 남의 성공을 축하할 수 있을 때 진정 나 자신으로 설 수 있다.

✓ **자존감은 '괜찮지 않음'의 인정에서 자란다**
 비교의 감정을 솔직히 마주하는 태도가 나를 성장하게 만든다.

✓ **우월감은 열등감을 숨기기 위한 가면이다**
 남보다 낫다는 생각은 불안과 결핍을 가리는 위장된 방어다.

2부

나를 깎아내리는
마음의 습관

자책이
익숙한 사람들

"왜 나는 이것밖에 안 될까?", "또 내가 문제였어", "그때 내가 그렇게만 하지 않았더라면…" 이렇게 자신을 탓하는 말이 습관처럼 떠오르는 사람들이 있다. 누가 뭐라고 하지 않아도 먼저 자신을 책망하고 작은 실수에도 오래도록 자책한다. 자존감이 낮은 사람들에게서 자주 보이는 이 심리는 단순한 자기반성이 아니다. 반복적인 자책은 자신을 보호하기 위한 무의식적 방어이자, 열등감에서 비롯된 고착된 사고방식이다.

자책은 겉보기에 성찰처럼 보이지만 실제로는 문제 해결에 도움이 되기보다 감정의 수렁에 사람을 빠뜨리는 경우가 많다. 과거의 실수를 되새기며 **"그때 왜 그랬을까"**를 끊임없이 묻는 사람은 현재를 살아가기보다 과거의 자신과 끝없이 싸우고 있는 셈이다. 이런 사람일수록 타인의 평가에 더 예민해지고 스스로를 '문제 있는 사람'으로 인식하게 된다. 결국 자기비난은 자존감의 고리를 계속해서 약화시킨다.

아들러는 자책이 강한 사람의 마음속에는 '완벽해야 한다'는 강박이 있다고 보았다. 실수는 용납할 수 없는 일이고, 잘못이 생기면 반드시 자신이 원인이라고 생각하는 경향이다. 이는 자존감이 약한 사람일수록 더욱 뚜렷하게 나타난다. 실패를 해도 **"괜찮아, 다시 하면 돼"** 라고 말할 수 있는 사람은 자기 존재를 온전히 받아들이는 힘이 있지만, 그렇지 못한 사람은 실패를 곧 자기 존재의 부정으로 받아들인다. 그래서 더욱 깊은 자책으로 자신을 몰아붙이게 된다.

자책은 때로 도피의 역할도 한다. 내가 문제라고 단정 지으면 상황을 통제할 수 있다는 착각에 빠질 수 있기 때문이다. 누군가의 비난을 받기 전에 스스로를 먼저 비난하면 상처받을 틈이 줄어든다고 느끼는 것이다. 실제로 많은 사람이 실수를 했을 때 **"내 잘못이야"** 라고 서둘러 말하며 마음의 안전지대를 만들려고 한다. 이런 방식은 자기방어로 보이지만 결국은 자기파괴다. 스스로를 향한 화살은 처음엔 통제의 수단처럼 느껴지지만, 시간이 지나면 자신에 대한 신뢰와 존중을 갉아먹는다. 반복되는 자책은 삶의 에너지를 소모시키고, 문제 해결보다는 정체된 감정 속에 머무르게 만든다. 더 나아가 새로운 시도나 관계 형성을 주저하게 만들고,

자기 가능성을 시험할 기회마저 줄어들게 한다.

더 큰 문제는 이런 자책이 반복되면 자기비하가 일상이 된다는 점이다. 자신의 장점은 보지 못하고 단점만을 확대해서 바라보게 된다. 조금만 실수를 해도 "**역시 나는 안 돼**"라는 결론에 이르며 그럴수록 자신에 대한 믿음은 점점 약해진다. 이처럼 자책은 사람을 성장시키기보다 움츠러들게 만든다. 나아가야 할 방향이 아니라 후퇴와 회피의 이유로 기능할 수 있다.

이러한 자책의 배경에는 어린 시절의 경험이 자리하고 있는 경우가 많다. 어릴 때 실수를 하면 혼이 나거나, 부모의 기대에 부응하지 못해 실망을 안겨드렸다는 기억은 아이에게 '내가 문제'라는 인식을 남긴다. 이는 어른이 되어서도 그대로 지속되어 누군가를 실망시키지 않기 위해 늘 자신을 탓하고 책임지는 성향으로 이어진다. 심지어 상대의 감정까지도 자기 책임처럼 느끼는 경우가 많다.

"*우리는 어떤 사건보다 그 사건을 해석하는 방식에 의해 영향을 받는다.*"

아들러는 실수나 실패보다 그것을 대하는 태도가 더 중요하다고 말한다. 자책이 아닌 책임감 있는 태도로 실수를 바라볼 수 있어야 한다. 실수는 누구나 한다. 완벽해 보이는 사람도 보이지 않는 곳에서 수많은 시행착오를 겪는다. 하지만 그 실수를 어떻게 받아들이느냐에 따라 자존감은 달라진다. 어떤 이는 한 번의 실패로 스스로를 무가치하게 여기지만, 다른 이는 그 경험을 성장의 자료로 삼는다. 자신을 미워하는 것이 아니라 다시 일어설 수 있는 힘으로 바꾸는 것이 진짜 성찰이다. 이를 위해서는 실수를 숨기기보다 드러내고, 그 안에서 배운 점을 기록하며, 다음 시도를 준비하는 용기가 필요하다.

자책이 습관이 된 사람에게 가장 필요한 것은 관대함이다. 타인에게 베풀 수 있는 따뜻함을 스스로에게도 허락해야 한다. 자신을 다그치기보다 다정하게 이끌어주는 연습이 필요하다. **"그땐 그럴 수밖에 없었지"**, **"지금의 나는 달라졌어"**라는 말은 결코 변명이 아니다. 그것은 스스로에게 보내는 이해와 용서이며, 건강한 회복을 위한 시작점이다.

낮은 자존감과 반복되는 비교

자존감이 낮은 사람들은 쉽게 흔들린다. 누군가의 칭찬 한마디에 하루가 들뜨기도 하고, 타인의 비난이나 무관심에 깊이 가라앉기도 한다. 이런 감정의 롤러코스터는 대부분 '나에 대한 평가'를 타인의 눈에 맡긴 결과다. 자기 안에 확고한 기준이 없으면 타인의 시선이 나를 정의하게 되고, 그 시선이 나보다 더 중요해진다. 자신을 제대로 바라보지 못하는 사람은 비교의 굴레에서 벗어나기 어렵다.

비교는 언제나 상대적인 것이지만 자존감이 낮을수록 절대적인 기준처럼 작동한다. "**나는 왜 저 사람처럼 못할까?**", "**나는 저만큼 인정받지 못해**" 이런 생각이 마음을 채우게 되면 현재의 나를 있는 그대로 받아들이는 것이 불가능해진다. 자존감이 낮은 사람은 자신의 강점을 보지 못하고 다른 사람의 강점에만 시선을 두기 때문이다. 이로 인해 비교는 계속 반복되고 열등감은 점점 깊어진다.

아들러는 **"인간의 모든 문제는 인간관계에서 비롯된다."**라고 보았다. 특히 '비교'는 타인과의 관계에서 시작되며, 그 비교가 반복될수록 자기 자신을 잃는다고 말한다. 자존감이 낮은 사람은 타인의 성취를 자신의 실패처럼 받아들인다. 친구의 승진, 동료의 칭찬, 지인의 성공 소식은 곧 나의 부족함을 상기시키는 요소가 된다. 기쁨을 나누기보다 마음이 움츠러들고, 부러움과 위축이 혼재된 감정 속에 자신을 가둬버린다.

낮은 자존감은 비교를 멈출 수 없게 만든다. 자신이 부족하다고 느끼는 사람일수록 끊임없이 타인을 관찰하며 스스로를 평가하려는 경향이 있으며 그 비교에서 항상 자신이 뒤처진다고 믿는다. 이는 마치 매번 지는 게임을 반복하는 것과 같다. 결과가 뻔한데도 계속해서 게임에 참여하고 그 속에서 패배감을 내면화한다. 이런 반복은 자존감을 더욱 약화시키고 삶의 만족도까지 함께 낮아진다.

자존감이 낮은 사람들은 왜 이렇게 비교에 민감할까? 그 배경에는 '인정 욕구'가 있다. 자존감이 튼튼한 사람은 자신의 가치를 타인의 평가에 맡기지 않는다. 반면 자존감이 약한 사람은 타인의 인정이 곧 자신의 존재감을 확인하는 수단이 된다. 남들보다 잘해야만 안심이 되고, 누군가보다 뒤처졌다고 느끼는 순간에는 스스로가 무가치해진 것처럼 느낀다. 비교는 자신의 존재를 확인받기 위한 방식이자 자존감이 결핍된 사람들의 불안한 생존 전략인 셈이다.

이러한 비교는 결코 자신을 위로하지 못한다. 오히려 마음을 더 지치게 만들 뿐이다. 비교를 통해 위로받기보다 자책에 빠지게 되고 의욕보다는 열등감이 커지게 된다. 그러다 보면 어느 순간 삶의 동기를 잃고, 타인의 기준으로 사는 삶이 너무도 버겁게 느껴진다. 자존감이 낮은 사람일수록 더 나은 사람이 되려는 노력이 필요한 것이 아니라 자기 자신을 받아들이는 연습이 필요한 이유다.

"타인을 기준으로 삼지 말고, 어제의 나와 비교하라."

아들러의 말처럼 중요한 것은 남보다 앞서느냐가 아니라 어제보다 나아졌느냐는 질문이다. 하루 전의 나와 오늘의 나를 비교하는 습관은 경쟁보다 성장에 집중하게 만든다. 자존감을 회복하는 시작은 비교를 멈추는 것이 아니라 비교의 방향을 바꾸는 데 있다. 남의 삶이 아닌 나의 삶, 남의 시선이 아닌 나의 내면을 기준으로 삼는 것이 반복되는 비교에서 벗어나는 첫걸음이다. 이를 위해서는 타인의 성취를 평가 기준에서 내려놓고, 나만의 속도와 방식으로 걸어가겠다는 결심이 필요하다. 주변의 기준에 흔들리지 않고 스스로의 변화를 관찰하는 과정 속에서 비로소 비교는 부담

이 아니라 성장의 도구가 된다.

  자존감이 낮다는 사실은 결코 나약함이 아니며 그것을 인식하고 스스로를 돌보려는 노력이 시작된다면 강함의 증거라 볼 수 있다. 우리는 모두 비교를 하며 살아가지만 그 비교 속에서 자신을 잃지 않고 오히려 더 단단해지는 사람이 될 수도 있다. 중요한 건 나 자신을 바라보는 눈이다. 타인이 아니라 내가 나를 먼저 인정할 수 있을 때, 비교는 더 이상 열등감이 아닌 성장의 도구가 될 수 있다.

불행한 안도감
이라는 함정

누군가가 실패했을 때 우리는 왜 안심할까? 타인의 불운이나 실수를 목격하고 **"나만 그런 게 아니었구나"**라는 생각이 스치면, 마음 한구석이 묘하게 놓이는 감정을 느끼기도 한다. 이런 감정을 두고 심리학에서는 '불행한 안도감'이라고 부른다. 나보다 잘난 사람의 실패, 나보다 앞서가던 사람의 좌절 같은 것들이 나에게는 위안으로 다가오는 것이다. 하지만 이 안도는 진짜 위로가 아니다. 비교에서 비롯된 착시이자 열등감이 만들어낸 감정적 환상에 불과하다.

불행한 안도감은 언제나 타인을 기준으로 한다. 나는 여전히 불안하고 만족스럽지 않지만, 누군가가 더 나빠졌기 때문에 상대적으로 괜찮아 보일 뿐이다. 이 감정의 구조에는 '상대적 우위'라는 개념이 깔려 있다. 나는 변한 것이 없지만 남의 불행을 기준 삼아 스스로를 평가하는 것이다. 이로 인해 일시적인 안도는 생길지 몰라도 그 감정은 곧 죄책감이나 공허함으로 이어진다. 타인의 불행에서 위안을 찾는 순간 우리는 자기 삶의 중심을 놓치고 만다.

아들러는 **"인간의 진정한 성장은 타인과의 비교가 아닌 협력과 연대에서 비롯된다."**라고 강조한다. 불행한 안도감에 젖어 있는 사람은 타인의 고통에 공감하기보다, 그 고통을 통해 자신의 가치를 확인받으려 한다. 이는 일종의 '우월감으로 포장된 열등감'이다. 자존감이 낮을수록 이런 심리에 취약하다. 타인의 불행은 내가 나아진 것이 아님에도 왠지 모르게 '덜 불행한 사람'이라는 착각에 빠지게 만든다. 그러나 보면 더 나아지고 싶은 동기는 점점 사라지고 안일함 속에 머물게 된다.

이러한 안도감은 삶의 방향을 왜곡시킨다. 더 나은 나로 가기 위한 노력이 아니라 '덜 불행한 타인'과의 비교를 통해 자리를 지키려 하기 때문이다. 변화는 멈추고 자기 성장도 정체된다. 누군가의 실패가 곧 나의 위안이 되는 순간 나는 더 이상 나아가지 못하게 된다. 진정한 성장은 타인의 상태와 무관하게 자신의 삶을 주체적으로 바라보는 데서 출발한다. 불행한 안도감에 익숙해질수록 우리는 현실을 왜곡된 렌즈로 바라보게 되고, 내 삶의 가능성을 축소하게 된다.

문제는 이런 감정이 '은근히' 반복된다는 점이다. 표면적으로는 아무렇지 않게 보이지만, 마음속에서는 끊임없이 비교하고 판단하며 '나만은 아니기를' 바란다. 친구의 프로젝트가 잘 안 됐을 때, 동료가 질책을 받았을 때, 심지어 타인의 실수를 목격했을 때 우리는 순간적으로 안도하지만 그 안도는 진정한 평온이 아니라 나의 기준으로부터 멀어진 상태이며, 비교와 열등감의 굴레 안에 여전히 머물고 있는 증거다.

우리는 자기 자신을 정면으로 마주할 용기가 필요하다. 타인의 실수나 불행이 아닌 오직 나 자신의 삶과 기준만을 가지고 위로하고 반성할 수 있어야 한다. 불행한 안도감은 감정을 잠시 감추는 위장지대에 불과하다. 그것은 문제를 해결하는 것이 아니라 회피하게 만들고, 결국 더 깊은 자괴감으로 이어진다. 아들러가 말했듯 진정한 자존감은 타인을 기준으로 느끼는 우위가 아니라 자기 자신의 기준으로 평가할 수 있는 힘이다.

다른 사람의 실패를 통해 얻는 위안은 오래가지 않는다. 나의 어제보다 조금 더 나아진 오늘을 바라보는 것이 훨씬 더 단단하고 지속적인 위로가 된다. 진짜 안도는 불행한 타인을 바라보며 느끼는 것이 아니라 내 안의 혼란이 잦아들고 마음의 중심이 잡혔을 때 찾아온다. 더는 비교하지 않고 가짜 위로에 기대지 않는 삶. 그제서야 우리는 비로소 안도감이 아닌 안정감을 얻게 된다.

아들러에게 배우는 나답게 살아가는 법

✓ **자책은 성찰이 아니라 자기파괴일 수 있다**
　자책은 성장을 막고 자기혐오와 정체된 감정에 사람을 가둔다.

✓ **자책은 스스로를 지키려는 왜곡된 방어다**
　자신을 비난함으로써 상처를 피하려 하지만 자존감은 더 약해진다.

✓ **자존감이 낮을수록 비교는 깊어진다**
　타인의 칭찬과 비난에 흔들리는 삶은 자기 기준이 없을 때 생긴다.

✓ **비교는 나를 증명하려는 불안의 전략이다**
　타인의 성공이 나의 실패처럼 느껴지는 것은 인정욕구의 그림자다.

✓ **'불행한 안도감'은 성장의 발목을 잡는다**
　남보다 덜 불행하다는 착각은 나를 위로하는 듯하지만 결국 삶의 동기를 잃게 만든다.

✓ **진짜 위로는 비교가 아니라 자기 기준에서 온다**
　타인이 아닌 어제의 나와 비교하고, 나 자신을 정직하게 바라볼 수 있어야 진짜 자존감이 자란다.

3부

겉으로는 괜찮아 보여도
불안한 이유

웃고 있지만
흔들리고 있다

겉보기에는 아무 문제가 없어 보이는 사람이 있다. 늘 밝은 얼굴, 반듯한 태도, 매끄러운 말투, 빠지지 않는 인사에, 직장에서는 실수 없이 맡은 바를 해내며 주변에서는 **"넌 항상 괜찮아 보여서 부럽다"**는 말을 듣는다. 그러나 그 사람의 마음 깊은 곳을 들여다보면 미세하게 흔들리고 있을지 모른다. 웃고 있지만 불안하고 인정받고 있지만 공허하게 느끼고, 타인의 기준에 부합하기 위해 애쓸수록 자신을 잃어가며, 혼자일 때 이유 없이 무너져내리는 감정을 경험하고 있을지 모른다. 아들러는 인간이 '보이기 위한 삶'을 살게 될 위험이 있다고 말한다. 이는 자기 본래의 감정과 욕구를 억누른 채, '괜찮은 사람'이라는 가면을 쓰고 살아가는 것이다.

'괜찮아 보이는 사람'들이 사실은 열등감을 가장 많이 느끼는 경우가 많다. 그들은 부족함을 들키지 않기 위해 더 완벽해지려하고 더 친절해지려 노력한다. 이 모든 것이 열등감을 보상하기 위한 심리적 장치다. 자기 내면의 허기와 불안을 감추기 위해 더 많이 웃고, 더 많이 성과를 쌓고, 더 많이 인정받으려 애쓴다. 이러한 삶의 방식은 끊임없이 자신을 몰아붙이게 만든다. **"지금의 나로는 부족하다"**는 목소리가 마음속에서 끊임없이 들려오기 때문이다.

특히 성과에 몰두하는 사람일수록 내면에는 채워지지 않는 '허기'가 존재한다. 높은 연봉, 좋은 학벌, 사회적 지위등 겉으로 드러난 성취들은 얼핏 보면 탄탄하고 부러운 인생처럼 보인다. 그러나 그 성과 뒤에는 타인의 시선으로부터 자신을 지키기 위한 노력과 스스로를 증명하지 않으면 존재 가치가 없다는 착각이 숨어 있다. 성취를 통해 불안을 덮고 바쁨으로 외로움을 지우려 하지만, 감정은 억눌릴 뿐 사라지지 않는다. **"이 정도면 충분해"**라는 말을 못하는 사람들, 멈추면 불안해지는 사람들은 언제나 다음 성과를 향해 달려야만 자신을 지탱할 수 있다고 믿는다.

이러한 심리는 '보상심리'와 깊은 연관이 있다. 내면의 결핍을 채우기 위해 바깥으로 과도한 성과나 긍정적인 인상을 만들어내려 한다. 하지만 보상심리가 깊어질수록 진짜 감정은 점점 무뎌지고 자기 정체성은 흐려진다. 많은 사람들 앞에서 웃는 일이 쉬워질수록 혼자 있을 때의 고요한 슬픔은 더 날카로워진다. **"나는 누구인가?"**라는 질문에 선뜻 대답하지 못하는 이유도 진짜 자신을 외면해온 시간이 너무 길었기 때문이다.

아들러는 **"용기란 불완전한 자신을 그대로 인정하는 것에서 시작된다."** 라고 말한다. 중요한 것은 흔들리지 않는 사람이 되는 것이 아니라 흔들릴 수 있는 자신을 받아들이는 것이다. 우리는 약함을 드러내는 것을 두려워하지만 약함을 숨기기 위해 웃고 괜찮은 척하는 삶은 결국 더 큰 외로움을 불러온다. 진짜 강함은 자신에게 이렇게 말하는 데서 시작된다. **"나는 지금 조금 흔들리고 있어. 그래도 괜찮아"** 이 말은 나약함의 표현이 아니라 회복의 출발이다.

성과가 문제가 아니라 그 성과가 자신의 존재를 증명하는 유일한 기준이 되는 것이 문제다. 더 많은 성취가 아니라 자신을 있는 그대로 받아들이는 태도가 필요하다. 스스로를 몰아세우는 대신 **"이 정도면 충분하다"** 는 말을 스스로에게 허락할 수 있어야 한다. 그것이 자존감을 지키는 가장 확실한 방법이다.

사람들은 흔히 강해 보이는 사람에게는 위로가 필요 없다고 생각한다. 그러나 바로 그 강해 보이는 사람들이야말로 위로가 더 절실하다. 그들은 누군가에게 마음을 털어놓기 어려워하고 자꾸만 스스로를 다그친다. 그런 사람들에게 **"요즘은 어때?"** 라는 아주 단순한 질문이 큰 숨을 쉴 수 있게 해줄지도 모른다. 때로는 진심 어린 질문 하나가 조용히 무너지고 있던 마음을 붙잡아준다.

혹시 당신이 지금 괜찮아 보이는 사람이라면 그리고 지금 흔들리는것 같다면 자신에게 이렇게 말해보자. **"나도 불안하지만 오늘은 그 불안을 인정해본다"** 그렇게 마음을 열기 시작할 때 비로소 진짜 강함이 시작된다. 타인의 인정이 아닌 자기 자신에 대한 인정이 열등감의 고리를 끊고 자존감의 뿌리를 단단히 내리는 첫걸음이다.

완벽해 보여도
흔들리는 자존감

우리는 종종 주변에서 완벽해 보이는 사람을 마주친다. 그들은 마치 흔들림 없이 살아가는 것처럼 보인다. 하지만 겉모습만으로 그 사람의 내면까지 단정짓는 것은 착각일 수 있다. 겉보기엔 강인한 자존감을 지닌 듯하지만 가까이에서 마음을 들여다보면 그 속에는 불안과 자기 의심이 깊게 자리하고 있음을 알게 된다.

아들러는 **"모든 인간은 불완전함을 극복하기 위해 노력하는 존재다."**라고 말한다. 겉으로 완벽해 보이려는 사람일수록 내면에는 결핍과 불안이 도사리고 있다. 그들은 자신의 약점을 드러내지 않기 위해 더욱 조심하고 실수를 절대 용납하지 않으려 한다. 완벽함을 유지하는 것이 곧 자신의 존재 가치를 지키는 일처럼 느껴지기 때문이다. 그래서 실수 한 번에도 마음 깊은 곳에서 자신을 몰아세우고 **"그때 왜 그렇게밖에 못했을까"**라는 후회를 끝없이 되뇌며 자신을 질책한다.

이러한 후회는 단순한 아쉬움이 아니라 자존감의 균열로 이어진다. **"더 잘할 수 있었는데"**라는 말은 사실 그 순간의 최선을 폄하하는 시선이다. 그때의 나도 상황 안에서 할 수 있는 만큼 했을지도 모른다. 하지만 우리는 '완벽했어야 한다'는 기준을 세우고 그 잣대로 과거의 자신을 평가하며 그 평가에서 늘 부족함만을 찾아낸다. 이는 자존감에 지속적인 상처를 남긴다. 성취를 했음에도 마음은 허전하고 조금의 실수에도 무너질 것 같은 위태로움을 느끼게 된다.

실수는 누구에게나 찾아오는 일이다. 어떤 사람은 실수를 성장의 발판으로 삼는 반면, 어떤 사람은 그 실수를 자신의 정체성으로 받아들인다. 특히 어릴 적부터 평가와 비교 속에서 자라온 사람은 실수를 실패가 아니라 자기 존재를 부정당하는 사건으로 인식한다. 그래서 작은 실수에도 자신을 쓸모없는 사람이라 여기고 그 기억을 마음속에서 지우지 못한다. 그렇게 실수 하나가 자존감을 집요하게 잠식한다.

이들은 완벽을 향한 강박을 갖고 살아간다. 그 강박은 자신의 내면에서 비롯된 것이지만 외부 시선에 의해 더욱 강화된다. **"나는 부족하면 사랑받지 못할 거야"**, **"남들이 나를 실망스럽게 볼 거야"**라는 두려움은 실수를 공포로 만든다. 그래서 늘 스스로를 경계하며 긴장을 놓지 못한다. 누군가 자신을 흠잡을까봐 모든 행동을 통제하고, 작은 실수에도 깊은 자기 비판에 빠진다. 그 안에는 자신을 믿지 못하는 마음이 자리하고 있다.

실제 완벽해 보이는 사람일수록 비교에 예민하다. 타인의 성취에 쉽게 흔들리고 스스로를 끊임없이 다그친다. 다그침은 곧 자기 비난이 되고 자존감을 무너뜨리는 내면의 소음이 된다. 겉으로는 성공한 것처럼 보이지만 속으로는 늘 '이 정도로는 부족하다'는 감정에 시달린다. 결국, 타인의 인정 없이는 자신의 가치를 확인하지 못하게 되며 그 인정은 늘 불안정하다. 새로운 성과가 없으면 불안은 다시 고개를 든다.

"실수는 실패가 아니라 다시 시도할 기회다."

아들러의 이 말은 완벽주의자에게 꼭 필요한 메시지다. 완벽함이 아닌 불완전함을 있는 그대로 받아들이는 태도야말로 자존감을 지킬 수 있는 힘이 된다. 중요한 것은 실수를 하지 않는 것이 아니라 실수 앞에서 나 자신을 어떻게 대하느냐이다. 후회를 건설적인 성찰로 바꾸고, 자기 비판 대신 '그때는 최선을 다했다'는 연민의 시선을 보내는 연습이 필요하다. 자비롭고 현실적인 태도가 자존감을 회복하는 출발점이 된다.

완벽함은 나를 지켜주는 갑옷이 아니다. 오히려 그 갑옷 안에는 끊임없는 두려움과 압박이 숨어 있다. 강함은 완벽함이 아니라 실수와 부족함에도 자신을 미워하지 않는 마음에서 나온다. 우리는 모두 불완전하며 그 속에서 살아가는 법을 배우는 것이 인생의 지혜다. 완벽해 보이는 사람조차 때로는 흔들리며 불완전한 자존감을 안고 살아간다. 우리도 때로는 부족한 자신을 품어줄 수 있어야 한다. 그 자비로운 시선이야말로 진짜 자존감을 만드는 힘이다.

인정받지 않으면
존재할 수 없는 마음

"잘했어"

이 짧은 말 한마디에 마음이 뜨겁고 가슴 깊은 곳에서 안도감이 밀려온다. 누군가의 인정은 단순한 격려를 넘어 존재를 증명해주는 확인 도장처럼 느껴진다. 많은 사람들은 누군가의 칭찬 없이는 하루도 버티기 힘들다. 늘 잘 보이려 애쓰고 누가 나를 싫어할까 두려워하며 살아간다. 어느새 우리는 '인정받기 위해 사는 삶' 속에 갇혀 있다.

아들러는 인간의 본질적인 욕구 중 하나로 '소속의 욕구'를 이야기한다. 우리는 공동체 안에서 자신의 존재를 확인받고 싶어 한다. 이는 건강한 심리적 욕구이지만 과도해지면 문제가 시작된다. 인정은 점차 '존재의 조건'이 되고 인정받지 못하면 자신을 무가치하다고 여긴다. 칭찬은 더 이상 위로가 아니라 살아남기 위한 조건이 되어버린다. 그 결과 우리는 더 많이 보여줘야 하고, 더 완벽해야 하며, 더 실수하지 말아야 하는 강박 속에서 자신을 몰아붙인다.

이러한 심리 구조는 대개 어린 시절부터 시작된다. **"착해야 사랑받는다", "성적이 좋아야 칭찬받는다"** 는 식의 메시지를 반복해서 들으며 자란 사람은 '있는 그대로의 나'는 아무런 가치가 없다고 믿게 된다. 이들은 '잘하고 있는 나'만 사랑받을 수 있다고 여기며 멈춰 있는 나, 실수한 나, 쉬고 있는 나를 부끄럽게 여긴다. 결국 타인의 인정을 받기 위해 끊임없이 스스로를 부정하고 고쳐 나가려 하지만 그 인정을 받는 순간조차 오래가지 않는다. 한 번의 칭찬은 다음 칭찬을 위한 불안으로 바뀌고 그 기대를 저버릴까 봐 더 긴장하게 된다. 인정은 위안이 아니라 끊임없는 입증의 고리가 된다.

아들러는 이런 상태를 단호하게 비판하며 *"인간은 타인의 시선으로부터 자유로워질 때 진짜로 성장할 수 있다."* 라고 말한다. 우리는 인정받고 싶더라도 굳이 인정이 필요하지 않은 사람이 되어야 한다. 이 말은 외면받아도 괜찮다는 의미가 아니라 내 존재를 성립시키는 기준을 외부에 두지 말라는 뜻이다. **"누가 나를 칭찬하지 않아도 나는 괜찮은 사람이다", "내가 선택하고 결정한 삶이기에 누가 나를 판단해도 흔들리지 않는다"** 이런 생각이 진정한 자존감의 핵심이다.

문제는 인정의 과잉 욕구 뒤에는 '열등감'이 자리하고 있다는 점이다. 타인의 인정이 필요한 이유는 결국 내 안의 부족함을 스스로 감당할 수 없기 때문이다. 그래서 아들러는 열등감을 부정하지 않고 직면하는 태도를 강조한다. 우리는 종종 열등감을 부끄러워하고 없는 척하며 살아간다. 그러나 열등감을 인정하는 것은 약함의 고백이 아니라 내 욕망을 정직하게 바라보는 용기다. **"나는 왜 저 사람을 부러워할까?", "왜 타인의 시선에 이토록 흔들릴까?"** 그런 질문을 통해 진짜 바람이 드러난다. 그것은 더 나은 내가 되고 싶은 건강한 열망일 수 있다

열등감을 억누르면 그 감정은 다른 모습으로 튀어나온다. 더 완벽한 척하거나, 타인을 깎아내리거나, 자기 자신을 꾸며서 포장하려 한다. 그럴수록 자아는 갈등하고 감정은 뒤틀린다. 감정을 억누르기보다 **"나는 지금 이 감정이 힘들다"**고 말하는 것이 변화의 시작이고 그 변화를 지속시키는 힘은 '자기 수용'이다.

자기 수용이란 지금의 나를 출발점으로 삼는 태도다. 열등감을 인정하는 것이 감정을 바라보는 용기라면, 자신을 받아들이는 일은 그 감정을 품고 함께 살아가는 방법이다. **"나는 지금 이만큼밖에 안 되는구나", "지금은 부족하지만 잘 될거야, 괜찮아"** 그렇게 자신을 있는 그대로 받아들일 수 있을 때 우리는 더 이상 외부의 시선에 흔들리지 않게 된다. 자기 수용은 멈추는 것이 아니라 방

향을 찾는 힘이다. 타인의 기준이 아닌 나의 기준에 따라 삶을 설계할 수 있는 자율성은 바로 여기서 생겨난다.

자신을 받아들이면 타인을 향한 시선도 바뀐다. 더 이상 타인의 성공이 나의 실패가 아니며, 비교의 프레임에서 벗어나 각자의 여정을 존중할 수 있게 된다. 인정이 경쟁이 아닌 연대가 되는 순간이고 실수를 있는 그대로 받아들일 수 있는 여유가 생긴다. 실패는 무능의 증거가 아니라 성장의 일부라는 걸 받아들이게 된다. 이런 태도는 실수를 두려워하지 않으며 실패 이후에도 다시 시작할 수 있는 사람을 만든다.

이런 변화는 하루아침에 일어나지 않는다. 마음의 균형은 반복적인 연습을 통해 비로소 자리 잡는다. 우리는 늘 비교 속에서 살아왔고 열등감은 무의식 깊은 곳에 뿌리내려져 있다. 그렇기에 매일 자신의 감정을 들여다보는 연습이 필요하다. 기분이 가라앉을 때나, 누군가의 말을 듣고 이상하게 허무해질 때 **"지금 나는 무엇과 비교 중인가?"** 라고 스스로에게 질문해보자. 자각하는 순간부터 변화는 시작된다.

"나는 오늘 어떤 기준으로 행동했는가?" 나만의 기준을 점검하는 습관은 삶의 중심을 다시 나에게 돌려준다. '못한 나'보다 '노력한 나'를 봐주는 연습, 타인의 기준에 휘둘리지 않는 단단한 관점, 그리고 마지막으로 자기 자신에게 따뜻한 말을 건네는 것. **"오늘도 수고했어. 조금 부족해도 괜찮아"** 이 한마디가 불안한 마음에

평온을 가져다준다.

우리는 모두 누군가의 인정을 바라지만 그 인정이 나의 존재 조건이 되는 순간, 우리는 끝없는 비교와 불안의 사슬에 묶이게 된다. 타인의 인정 없이도 스스로를 긍정할 수 있는 마음, 열등감을 부끄러워하지 않고 직면하는 용기, 있는 그대로의 나를 받아들이는 태도 이 모든 것들이 모여 하나의 메시지를 전한다.

"나는 이미 괜찮은 사람이다"

인정받지 않아도 존재할 수 있는 사람. 그 사람이 바로 당신이다. 그 순간부터 우리는 진짜 자유로운 삶을 살아갈 수 있다.

아들러에게 배우는 나답게 살아가는 법

✓ **겉으로 괜찮아 보여도 내면은 흔들릴 수 있다**
완벽한 모습 뒤에는 인정받지 않으면 불안한 마음이 숨겨져 있다.

✓ **성과는 존재의 증명이 아니다**
증명하려는 삶보다 "이 정도면 충분해"라는 수용이 필요하다.

✓ **완벽해 보이는 사람일수록 자존감은 더 흔들린다**
실수를 실패로 받아들이면 존재 자체가 부정당한 것처럼 느껴진다.

✓ **타인의 인정은 끊임없는 입증을 요구한다**
'잘한 나'만 인정받는 삶은 결국 자기 존재를 부정하게 만든다.

✓ **자기 수용은 자존감의 뿌리다**
열등감을 겁내지 말고 지금의 나를 인정할 때 변화가 시작된다.

✓ **인정 없이도 존재할 수 있는 마음이 진짜 자유다**
나만의 기준으로 살아갈 때 비교와 불안에서 벗어날 수 있다.

3장

인생 후반전을 위한 지혜

(나이 들수록 삶은 더 선명해진다)

1부

젊음의 집착을 놓아야
비로소 보이는 것들

젊음이
전부인 줄 알았다

 젊을 때는 빠르게 달리는 것이 전부인 줄 알았다. 어릴 때부터 우리는 속도에 익숙해졌다. 시험 문제를 빠르게 푸는 아이가 칭찬 받았고, 남보다 빨리 진도를 나가는 사람이 '똑똑하다'는 소리를 들었다. 대학 입시를 먼저 끝내고, 취업을 빠르게 하고, 연애와 결혼, 내 집 마련까지 계획표를 그리며 살아가야 할 것 같았다. 조금만 늦어지면 초조해지고 친구들보다 뒤처지는 것 같은 불안이 덮쳐왔다. 우리는 마치 인생이 정해진 트랙 위를 도는 달리기 시합인 것처럼 살아왔다. 그러나 나이가 들수록 속도가 중요한 것이 아니라 그 속도가 향하는 방향이 중요하다는 것을 깨닫게 된다.

 아들러는 인간의 행동을 '목적'으로 해석했다. 우리가 그토록 서두르는 이유는 무엇일까? 결국 남들보다 먼저 어딘가에 도달하고 싶기 때문이다. 하지만 그 목적지가 정말 나의 욕망에서 비롯된 것일까? 아니면 사회가 정해준 기준, 가까운 사람들과의 비교에서 비롯된 '이루어야만 할 목표'일까? 속도가 빠를수록 우리는 그런 질문을 놓치기 쉽다. 바쁘게 달리다 보면 방향을 점검할 시간이 없고, 오히려 잘못된 길로 더 멀리 가버리는 경우도 생긴다.

가까운 사람들과의 비교는 그 속도를 더욱 왜곡시킨다. 함께 시작했던 친구가 먼저 결혼을 하고, 같은 시기에 입사했던 동료가 먼저 승진할 때, 우리는 자연스레 자기 삶의 속도를 점검하게 된다. 비교는 멀리 있는 누군가보다 우리 곁에 있는 사람들로부터 더 쉽게 생긴다. 그들과의 차이가 나의 부족함처럼 느껴지고, 내 삶의 리듬이 어딘가 잘못된 것처럼 여겨지기도 한다. 마치 **"나도 저만큼은 되어야 하는데"** 라는 조급함이 자동으로 따라붙는다. 그 순간 우리는 '나답게 사는 삶'이 아니라 '남들처럼 살아야 하는 삶'으로 방향을 틀게 된다.

삶은 단순한 경주가 아니다. 더 빨리 달리고 먼저 도착하는 것이 능사가 아니며, 더 늦었다고 실패한 것도 아니다. 아들러는 인간의 성숙을 '단번의 성취'로 보지 않았다. 그는 반복과 성찰, 끊임없는 용기의 축적이 사람을 바꾼다고 했다. 삶은 속도가 아닌 깊이와 방향의 문제다. 천천히 가더라도 나의 가치와 방향에 따라 사는 사람이 결국 더 단단한 삶을 쌓아간다. 오히려 젊음을 지나며 **"늦어도 괜찮다"** 는 진실을 깨달을 수 있다. 빨리 사는 것이 삶의 전부가 아니라는 걸, 천천히 갈 때 비로소 나의 시간을 되찾을 수 있다는 걸 알게 된다.

비교에서 자유로워지는 일도 마찬가지다. 가까운 이의 성취가 나의 열등감이 되는 이유는 우리가 **"같은 출발점에 있었으니 같은 결과를 내야 한다"**는 환상을 가지고 있기 때문이다. 하지만 삶은 그렇게 단순하지 않다. 선택이 다르면 도달하는 결과도 다르고 가치를 두는 지점도 다르다. 이걸 인정하지 않으면 가까운 관계는 오히려 끊임없이 나를 소모시키는 비교의 장이 된다. 그렇지만 서로 다른 길을 걷고 있다는 걸 받아들이게 되면, 우리는 비로소 서로를 '비교의 대상'이 아닌 '관찰의 대상'으로 바라볼 수 있게 된다. 질투보다는 응원이 가능해지고 초조함보다는 평온이 깃든다.

젊음이 전부인 줄 알았던 시절에는 그런 여유가 없었다. 누구보다 먼저 이뤄야 한다는 조급함, 뒤처지지 않겠다는 두려움이 모든 선택을 밀어붙였다. 빠르다는 이유로 방향을 바꾸지 못한다면, 그 삶은 언젠가 한계를 드러내게 된다는 것을 이제는 안다. 삶은 누가 먼저 도착하느냐보다, 끝까지 나답게 가느냐의 싸움이다. 나만의 호흡, 나만의 속도, 나만의 리듬을 지키는 일이야말로 진짜 어른이 되는 과정이다.

이제는 다른 사람의 속도에 휘둘리지 않아야 한다. 누군가의 성취가 눈부시게 보일 때면 **"그 사람의 삶은 그 사람의 것이고, 나는 나의 삶을 살아가면 된다"**는 다짐을 되새기며 여전히 늦고, 더디고, 서툴러도 괜찮다고 스스로에게 말해주어야 한다. 속도가 아니라 방향, 비교가 아니라 자기만의 기준 그 깨달음이야말로 진짜 성장을 시작하게 해주는 단서이기 때문이다.

나는 왜
나이 드는 게 두려웠을까?

 어릴적엔 나이가 들면 자연스럽게 어른이 될 줄 알았다. 스스로의 삶에 확신이 생기고 남과 비교하지 않고 자기 길을 걸을 줄 알게 되리라 믿었다. 막상 나이를 먹을수록 불안은 커지고 주변의 시선은 더욱 날카롭게 다가온다. 어떤 날은 조급함이 밀려오고 또 어떤 날은 내가 멈춰 있는 것처럼 느껴진다. 나이 든다는 것은 단순히 숫자가 아니라 속도와 비교, 관계와 기대라는 삶의 무게가 겹겹이 더해지는 과정이었다.

 우리는 언제부터인가 '늦었다'는 말에 민감하다. 다른 사람들보다 빠르게 이루지 못하면 뒤처졌다는 불안에 시달린다. 아들러는 인간은 각자의 삶을 설계할 수 있다고 했다. 삶의 속도 역시 마찬가지다. 누군가는 스무 살에 방향을 정하고 나아가지만, 어떤 이는 서른이 넘어서야 겨우 자신이 원하는 것이 무엇인지 알아차린다. 중요한 것은 그 속도가 '나에게 맞는 것'인가 내가 진짜 원하는 방향인가이다. 우리는 늘 타인의 속도에 나를 대입한다. **"저 친구는 벌써 저렇게 되었는데 나는 왜 이 모양일까"** 이런 생각은 삶의 리듬을 무너뜨리고 내 선택을 의심하게 만든다.

더 큰 문제는 가까운 사람일수록 그 비교가 더 아프다는 것이다. 나이를 먹을수록 '심리적인 거리두기'가 더 중요해지는데 그것은 단절이 아니라 관계 안에서 나를 지키는 최소한의 선이다. 상대의 말이나 기대가 내 가치 전체를 흔들지 않도록 감정의 자율권을 회복하는 일이다. 친구가 앞서 나간다고 해서 내가 실패한 것도 아니고, 가족이 이해하지 못한다고 해서 내가 틀린 것도 아니다.

아들러는 ***"인간은 자신의 삶을 해석할 책임이 있는 존재다."*** 라고 했다. 타인의 판단은 자극일 뿐 나의 삶을 대신 살아줄 수는 없다. 하지만 우리는 종종 그 자극을 고스란히 받아들이고 그들의 시선에 맞춰 내 삶을 살아갈수록 나이는 단지 숫자가 아니라 무언의 압박이 된다. **"이 나이쯤이면 이 정도는 되어야 한다"** 는 세상의 기대, 가까운 사람의 비교 섞인 말, 지나간 시간에 대한 후회는 나이 들수록 더 짙어진다. 결국 두려움은 '시간의 흐름'이 아니라 '타인의 잣대에 맞춘 내 삶'에서 비롯된다.

나에게 맞는 속도를 찾는 일은 그 두려움을 이겨내는 첫 걸음이기에 때로는 멈춰야 하고 때로는 천천히 걸어야 한다. 빠르게 앞서가는 사람을 부러워할 필요도 없고, 느리게 가는 나를 부끄러워할 이유도 없다. 중요한 것은 내가 지금 이 순간을 얼마나 의미 있게 살아가고 있는가이다. 빠름은 효율을 줄 수는 있지만 깊이와 성숙은 결코 속도로 측정되지 않는다. 진짜 성장은 반복과 성찰, 그리고 멈춤을 받아들이는 용기에서 비롯된다.

관계에서도 거리를 조절할 줄 알아야 한다. 너무 가까우면 감정이 얽히고 너무 멀면 소외된다. 친구와는 비교가 아닌 응원의 거리를, 가족과는 기대가 아닌 이해의 거리를, 동료와는 경쟁이 아닌 협력의 거리를 만들어야 한다. 그 균형을 맞추지 못하면 나이 들수록 인간관계는 점점 더 피로해지고 내 마음의 여유는 줄어든다. 나이를 먹는다는 것은 외부의 기준에서 벗어나 자기 기준을 회복하는 과정이다.

나는 왜 나이 드는 게 두려웠을까? 나의 속도를 정하지 못한 채 타인의 시간표에 나를 끼워 맞췄기 때문일 것이고, 나만의 리듬으로 살아가지 못했기 때문일 것이다. 비교 대신 관찰을, 조급함 대신 선택을, 타인의 기준 대신 내면의 목소리를 따를 수 있다면 나이 드는 것은 더 이상 두려움이 아니라 성숙의 다른 이름이 된다. 그렇게 나이 들어갈 수 있다면 우리는 마침내 진짜 어른이 되는 길에 들어선 것이다.

나이를 의식하는 순간, 자신을 잃는다

"이 나이에 내가 이걸 해도 될까?"

이 질문을 마음속에서 떠올리는 순간, 우리는 이미 자신에게 제약을 걸기 시작한 것이다. 나이는 숫자에 불과하다는 말을 들으면 고개를 끄덕이지만 정작 중요한 순간에는 그 숫자에 갇혀버린다. 나이 앞에서 움츠러들고, 주저하고, 꿈꾸기를 멈춘다. 하지만 문제는 그 숫자 자체가 아니고 나이에 대한 우리의 해석과 의미 부여가 자신을 잃게 만든다는데 있다.

나이는 사회적 기준과 연결되어 있다. 몇 살쯤에는 취업을 해야 하고, 몇 살에는 결혼을 해야 하며, 그 나이쯤이면 어느 정도 자산을 축적했어야 한다는 식의 암묵적인 규범들을 우리는 절대적인 진리처럼 받아들인다. 마치 그 틀에서 벗어나면 실패한 인생이라도 되는 듯이 말이다. 그렇다보니 정작 **"나는 지금 어떤 삶을 원하고 있는가"**라는 질문은 뒷전이 된다. 아들러는 ***"인간의 삶은 자신이 어떤 의미를 부여하느냐에 달려 있다.'***라고 말한다. 나이라는 개념도 마찬가지다. 그 숫자에 어떤 해석을 붙이느냐에 따라 그것은 가능성의 출발점이 될 수도, 자기 검열의 도구가 될 수도 있다.

나이를 의식한다는 것은 자기 삶의 중심을 외부로 넘긴다는 뜻이다. 나를 판단하는 기준이 내 내면이 아니라 사회의 평균치가 될 때 우리는 쉽게 흔들린다. **"이 나이 먹고 아직 이것밖에 안 됐어?", "벌써 그 나이면 늦은 거 아냐?"** 같은 말은 타인의 언어 같지만 어느 순간 내 안의 목소리가 된다. 그렇게 자신에게 실망하고, 가능성을 좁히고, 변화의 가능성조차 차단하게 된다. 스스로를 늦었다고 단정 짓는 순간 변화는 멈추고 삶은 점점 무기력해진다.

하지만 정말 늦은 것일까? 어떤 이는 마흔이 넘어 배우가 되기를 시작하고, 어떤 이는 쉰이 넘어 그림을 그리고, 여든이 넘어서도 공부를 시작한다. 중요한 건 언제 시작했느냐가 아니라 무엇을 위해 움직이느냐다. 나이는 단지 지나온 시간의 지표일 뿐 삶의 방향을 결정하는 잣대는 아니다. 그런데도 우리는 나이를 들먹이며 스스로의 가능성을 지우고 있다. 누가 정했는지도 모를 '적정 나이'라는 틀에 얽매여 진짜 원하는 것을 미루거나 포기한다. 나이를 의식하는 순간 우리는 내 삶의 주인이 아닌, 사회가 설계한 삶의 소비자가 된다.

나이를 의식할수록 비교는 더욱 뚜렷해진다. 동갑인 친구가 더 안정된 삶을 살고 있는 것처럼 보이고, 후배가 나보다 앞서 나가는 것이 불편하게 느껴진다. 이는 단순한 시기나 질투가 아니라 내 안의 기준이 흐려졌다는 신호다. 아들러는 **"비교의 본질은 타인의 시선이 아니라 자기 삶에 대한 불신이다."** 라고 말한다. 나이에 따른 타인의 평가에 휘둘릴수록 우리는 자신에 대한 신뢰를 잃고 점점 더 외부의 기준에 민감해진다.

나이를 의식하면 관계 속에서도 스스로를 제한하게 된다. **"나이 차이가 많으니 저 친구랑 어울리면 안 될 것 같아", "그 나이에 저런 말을 하면 철없어 보일까?"** 하는 생각들은 관계의 다양성과 진정성을 막아버린다. 마음은 여전히 젊고 열려 있는데 나이라는 껍데기가 그것을 덮어버리는 것이다. 삶의 폭은 점점 좁아지고 나이 들수록 외롭고 고립된다는 느낌이 깊어진다. 하지만 그 원인은 나이가 아니라 나이에 스스로를 가두는 태도에 있다.

문제는 나이를 의식하는 순간 자기 자신도 잃는다는 데 있다. 더 이상 '나'의 가능성과 욕망, 감정과 선택이 중심이 되지 못하고 '나이답게' 살아야 한다는 가상의 지침이 기준이 되어버린다. 그때부터 우리는 자기 삶을 사는 것이 아니라 나이의 얼굴을 흉내 내는 삶을 살아간다. 젊다고 해서 무모하게 살아야 하는 것도 아니고, 나이가 들었다고 해서 조심스럽게만 살아야 하는 것도 아니다. 중요한 것은 지금 이 나이에 어떤 의미를 부여할 것인가, 그 의미에 맞는 삶을 스스로 선택하는가이다.

아들러는 인간은 언제든 새로운 삶을 선택할 수 있다고 보았다. 그리고 그 선택은 지금 이 순간에도 가능하다고 말한다. 결국 삶을 바꾸는 데 필요한 건 더 많은 시간이나 더 나은 조건이 아니라 '지금 여기'에서 나이를 내려놓고 나 자신으로 다시 서는 용기다.

나이를 의식하지 않을 때 우리는 진짜 자신을 되찾는다. 그 순간부터 우리는 나이의 소비자가 아니라, 삶의 설계자가 된다. 그리고 그제서야 나이와 함께 성장하는 법을 배우게 된다.

아들러에게 배우는
나답게 살아가는 법

✓ **삶은 속도가 아니라 방향이다**
  빠른 것보다 나에게 맞는 방향으로 가는것이 진짜 성장이다.

✓ **비교는 가까운 관계에서 더 깊게 파고든다**
  친구나 동료의 성취는 나를 초조하게 만든다. 그러나 그들의 길은 나와 다르다는 걸 인정해야 한다.

✓ **조급함은 삶의 리듬을 무너뜨린다**
  남보다 늦었다는 불안은 나의 속도를 잃게 만든다. 중요한 건 지금 이 순간을 나답게 사는 일이다.

✓ **나이라는 숫자에 스스로를 가두지 말 것**
  "이 나이에?"라는 생각을 버려라. 나이는 출발점이지 한계가 아니다.

✓ **나만의 기준으로 삶을 재설계하라**
  내면의 소리에 귀 기울일 때 우리는 나이에서 자유로워질 수 있다.

✓ **나이와 함께 성숙하는 태도를 배워야 한다**
  나이와 함께 성장할 때 삶은 더 깊고 단단해진다.

2부

나이 듦은
사라짐이 아니라
성숙이다

나이를 먹는다는 것은
성장의 또 다른 이름이다

마음이 조급해지는 순간은 누구에게나 있다. 결과가 더디게 나올 때, 남들은 앞서 나아가고 있을 때, 스스로도 이유를 알 수 없는 불안감이 밀려올 때 우리는 조급함을 느끼게 된다. 조급함은 시간이 부족해서 생기는 것이 아니라 내 마음이 나를 못 믿기 때문에 생긴다. "**과연 이래도 괜찮을까?**", "**이대로 가도 되는 걸까?**" 라는 의심이 반복되면 우리는 자신에게 가속을 강요하게 된다. 아들러는 "**인간은 스스로 선택하고, 책임지고, 성장할 수 있는 존재다.**"라고 말한다. 그 말은 조급함 또한 내가 선택한 사고의 결과라는 뜻이고 그 조급함을 이기는 힘도 외부가 아닌 나에게 있다.

조급함은 언제나 비교에서 자란다. 누군가 더 많은 것을 이루었을 때, 더 빠르게 무언가를 해냈을 때, 우리는 무의식적으로 자신을 그 사람과 나란히 세운다. 출발점도, 방향도, 속도도 다르다는 사실을 잊은 채 말이다. 조급함은 타인의 시계를 내 삶의 기준으로 삼는 순간 시작되기에 조급함을 이기기 위한 첫 번째 연습은 바로 그 시계를 끄는 것이다. 남의 시간표에서 벗어나 내 시계의 바늘을 다시 세팅하는 일은 단순히 천천히 가는 연습 뿐 아니라 내 삶의 주도권을 되찾는 일이다.

   조급함을 이기는 두 번째 연습은 '지금'에 집중하는 것이다. 조급한 사람은 늘 결과를 먼저 생각한다. 지금 하고 있는 일보다 앞으로 올 결과가 마음을 더 크게 차지한다. 그런데 그 결과는 아직 오지 않았고, 불확실하며, 내 뜻대로 되지 않을 수도 있다. 결국 조급함은 '지금 여기를 충분히 살지 못하게 만드는' 정서다. 아들러는 **"인간의 삶은 미래를 향한 목적 지향성에 따라 움직인다"** 라고 했는데 그 목적은 지금의 선택과 태도 속에서 실현된다. 그러므로 지금의 나에게 집중할 수 있어야 한다. 오늘의 나를 믿어주고 오늘의 나에게 최선을 다하는 것, 그것이 조급함에서 벗어나는 가장 확실한 방법이다.

   세 번째 연습은 '과정에 머무는 용기'를 가지는 것이다. 조급한 사람일수록 결과에 집착한다. 결과가 좋으면 기뻐하고 나쁘면 무너진다. 삶은 대부분 과정 속에 있으며 목표까지 가는 길, 그 사이의 실패와 실험, 시행착오와 기다림 그 모든 것들이 삶의 본질이다. 결과는 짧지만 과정은 길다. 그 과정을 견디고 살아내는 사람만이 진짜 성장을 이룬다. 아들러는 인간이 변화하는 존재임을 끊임없이 강조하고 변화는 '즉시'가 아니라 '지속'을 통해 이루어진다고 했다. 조급함은 변화를 방해하고, 인내는 변화를 완성시킨다.

마지막 연습은 '자신에게 관대해지기'다. 사람들은 조급할수록 자기 자신에게 점점 더 엄격해진다. 왜 이 정도밖에 못하느냐고 다그치고, 더 빨리, 더 많이, 더 잘하라고 몰아붙이곤 한다. 그런 자기비판은 오히려 에너지를 고갈시키고 작은 성취조차 무력하게 만든다. 때로는 **"지금 이 정도면 괜찮아"**, **"충분히 잘하고 있어"**라는 말이 필요하다. 그것은 나태함이 아니라 회복이고, 자기 포기가 아니라 자기 인정이다. 내가 나를 믿고 기다릴 수 있어야 타인의 속도에도 흔들리지 않게 된다.

조급함은 나를 삶에서 멀어지게 만든다. 언제나 미래에 마음이 가 있기 때문에 현재를 놓치게 되고, 내가 서 있는 자리의 소중함을 느끼지 못하게 된다. 오늘의 내가 최선을 다하고 있다는 믿음만 있다면 속도는 아무런 문제가 되지 않는다. 결과보다 중요한 것은 그 결과에 도달하는 '방식'이다. 내 방식으로 내 속도로 나답게 살아가는 사람은 더 이상 조급해하지 않는다. 그는 이미 자기 삶의 중심에 서 있기 때문이다.

늙는 게 아니라
깊어지는 것이다

우리는 나이를 먹는다는 것을 흔히 '늙는 것'이라 말한다. 생물학적 기능이 떨어지고, 체력이 약해지며, 외모가 변해간다는 사실 앞에서 자연스럽게 '노화'라는 단어를 떠올린다. 나이가 들어간다는 것은 곧 예전의 생기와 활력을 잃어버리는 것처럼 여겨지곤 한다. 그러나 그것은 단지 한쪽 면만을 본 인식일 뿐이다. 시간은 우리를 낡게도 만들지만 동시에 깊게도 만든다. 아들러는 인간의 삶은 반복과 성찰을 통해 깊어진다고 보았다. 중요한 질문은 이것이다. 우리는 단지 늙고 있는가, 아니면 삶이 깊어지고 있는가?

나이는 단지 세월이 흐른 결과가 아니다. 그것은 수많은 경험이 축적된 흔적이며 반복된 선택이 쌓아 올린 인격의 무늬다. 젊음이 빠르고 가볍게 퍼지는 바람이라면 나이는 천천히 가라앉는 물의

층이다. 그 안에는 실패와 후회, 깨달음과 성장이 함께 담겨 있다. 젊었을 때는 앞만 보고 달리기에 바빴다면 나이가 들면서 우리는 비로소 멈추어 돌아보는 힘을 얻게 된다. 그 돌아봄 속에서 인생은 '속도'가 아니라 '깊이'라는 새로운 차원을 갖게 된다.

'깊어진다'는 것은 곧 삶을 보는 시야가 넓어진다는 뜻이다. 같은 실수에도 덜 흔들리고, 같은 아픔에도 더 유연해진다. 이전에는 용납할 수 없던 상황도 이해하게 되고, 단정지었던 사람의 태도도 다시 생각해보게 된다. 그것은 단지 '참는 것'이나 '체념하는 것'과는 다르다. 깊어지는 사람은 표면적인 감정에 휘둘리지 않고 그 이면의 의미를 읽는다. 나이가 든다는 건 지혜를 얻게 되는 일이다. 단지 많이 알고 있어서가 아니라 많이 살아냈기 때문에 가능한 감각이다.

깊어진 사람은 말보다 눈빛과 태도에서 신뢰를 준다. 굳이 자신을 증명하려 하지 않고 조용한 방식으로 세상과 관계 맺는다. 더 이상 사람을 '성과'나 '지위'로 평가하지 않고, 그 사람이 가진 이야기와 결의로 바라본다. 젊을 때는 관계의 폭이 중요했다면 나이가 들수록 깊은 관계가 소중해진다. 열 명의 피상적인 인맥보다 한 명의 진실한 친구가 더 많은 위안을 준다는 것을 우리는 나이가 들어가며 배운다. 그런 관계는 '깊이' 있는 사람이기에 맺을 수 있다.

깊어진다는 것은 자기 자신과의 관계가 성숙해진다는 뜻이다. 더 이상 타인의 시선에 신경쓰지 않고 자신의 리듬대로 살아갈 수 있게 된다. 나이가 들수록 내 감정, 내 욕구, 내 판단에 대한 신뢰가 생긴다. **"나는 왜 그때 그렇게 생각했을까?"** 를 묻기보다 **"그때는 그럴 수 있었지"** 라고 말할 수 있게 된다. 자기 자신을 미워하기보다 이해하고, 포기하기보다 안아주는 마음이 자란다. 이것이 바로 '나이의 깊이'이다. 나이가 들어도 자존감이 무너지지 않고 오히려 단단해지는 이유다.

깊어지는 삶이 저절로 찾아오는 것은 아니다. 깊이는 고통의 시간, 후회의 순간, 실패의 경험을 통해서만 다져진다. 편안함 속에서는 깊어지기 어렵다. 아들러는 **"인간의 성장은 언제나 과제를 해결하는 과정에서 이루어진다."** 라고 말한다. 나이를 먹는다는 건 그만큼 더 많은 과제를 지나왔다는 뜻이며, 더욱 더 많은 통찰과 여유를 지니게 되는 것이다. 그 모든 시간을 외면하지 않고 받아들일 때, 우리는 단지 늙는 것이 아니라 삶을 더 깊이 이해하게 된다.

우리가 '늙는다'는 말을 두려워하는 이유는 그 말 속에 '쓸모없어짐'이라는 그림자가 숨어 있기 때문이다. 진짜로 소중한 사람은 쓸모로 평가되지 않는다. 깊이 있는 사람은 시대를 초월해 기억된다. 그의 말은 오래 남고 그의 태도는 다음 세대에게 배움이 된다. 우리는 그런 이들을 '지혜로운 어른', '어른다운 사람'이라 부른다. 그들은 늙은 것이 아니라 깊어진 사람들이다.

늙는 것은 자연스러운 일이지만 깊어지는 것은 선택이다. 누구나 나이를 먹지만 모두가 삶의 깊이를 얻는 것은 아니다. 늘 젊어 보이려 애쓰기보다 더 깊어지기 위한 질문을 던지는 사람이 되자. 나이 드는 것이 더 이상 두려운 일이 아니라, 나다움을 완성해가는 여정이 되도록 해보자. 세월은 우리에게 깊어질 수 있는 기회를 준다. 그 기회를 선택하는 사람만이 나이를 통해 삶의 아름다움을 발견할 수 있다. 늙는 게 아니다. 우리는 지금 조금씩 더 깊어지고 있는 것이다.

진짜 어른은
나이에 있지 않다

우리는 흔히 어른이라는 말을 나이와 동일시한다. 스무 살이 넘으면 성인이 되고, 일정한 나이가 지나면 사회적, 법적 책임을 질 수 있는 '어른'이 된다고 여긴다. 과연 정말 그럴까? 나이가 들었다는 사실이 곧 삶의 태도까지 성숙하게 만들지는 않는다. 생물학적으로 늙는 것과 정신적으로 성장하는 것은 전혀 다른 문제다. 진짜 어른은 나이에서 오는 것이 아니라 삶을 대하는 태도와 관계를 맺는 방식, 자기 자신을 대하는 태도에서 비롯된다.

아들러는 **"인간은 태어나는 것이 아니라 스스로 만들어지는 존재다."** 라고 말한다. 마찬가지로 '어른'도 자연스럽게 되는 것이 아니라 선택하고 훈련해야 도달할 수 있는 삶의 한 상태다. 책임을 피하지 않고, 감정에 휘둘리지 않으며, 타인과의 관계에서 상호

117

존중을 실천하는 사람이 어른이다. 그 사람의 나이가 몇 살이든 상관없다. 어떤 이는 스무 살에도 어른이 되고, 또 어떤 이는 쉰이 넘어서도 여전히 미숙한 태도로 살아간다. 결국 어른됨이란 '시간의 누적'이 아니라 '삶의 태도'이다.

진짜 어른은 타인에게 기대지 않는다. 그것은 혼자서 모든 걸 해낸다는 뜻이 아니라 자신의 감정과 선택을 타인의 탓으로 돌리지 않는다는 의미다. **"내가 이렇게 된 건 부모 때문이다"**, **"상사가 내 가능성을 막고 있다"**는 식의 사고에서 벗어나 지금의 삶에 대해 스스로 책임지는 자세를 갖춘 사람이 어른이다. 아들러는 **"인간은 과거의 원인이 아니라 미래의 목적에 따라 살아간다."** 라고 했다. 과거에 머물며 피해자라는 생각을 반복하는 사람은 나이를 아무리 먹어도 삶이 자라지 않는다. 어른은 과거를 이해하되 그것에 얽매이지 않는 사람이다.

진짜 어른은 자신의 감정을 정확히 인식하고 조절할 줄 안다. 어린 사람은 쉽게 분노하고 쉽게 상처받으며 솔직하다는 이름으로 감정을 마구 쏟아낸다. 하지만 어른은 감정을 억누르거나 숨기지 않으면서도 그 감정이 관계를 해치지 않도록 스스로 조절한다. 말하고 싶은 충동이 들어도 그것이 상대를 다치게 할 것이라면 멈출 줄 알고, 자신의 기분보다 상황의 흐름과 타인의 입장을 고려한다. 감정의 주인이 되는 것 그것이 진짜 성숙이다.

진짜 어른은 타인과의 관계에서도 '경계'를 지킬 줄 안다. 가까운 사람에게 상처 주는 말을 쉽게 내뱉지 않고, 내가 해줄 수 없는 일에 억지로 책임을 지려 하지도 않는다. 도와주고 싶지만 때로는 거리를 두는 것이 더 도움이 될 수 있다는 사실도 알고 있다. 어른은 모든 것을 끌어안는 사람이 아니라 자기 몫과 타인의 몫을 명확히 나눌 줄 아는 사람이다. 그래서 진짜 어른과 함께 있으면 편안함과 안정감을 느낀다. '나를 지배하지 않으면서도 존중해주는 사람'이라는 느낌이 전해지기 때문이다.

무엇보다 진짜 어른은 자기 자신에게 솔직하다. 자기의 부족함을 숨기기보다 인정하고, 실수했을 때 핑계를 대기보다 책임지며, 때로는 실패한 선택 앞에서도 당당하게 다시 일어선다. 완벽하지 않다는 걸 알기에 타인의 허점도 쉽게 용납하고 기다려줄 수 있다. 삶에 대한 이 여유와 넓은 시야는 오랜 세월이 가져다주는 게 아니라 자기 자신을 정직하게 마주해온 사람만이 가질 수 있는 태도다.

진짜 어른은 강요하지 않는다. 조언하려 들기보다 먼저 들어주고, 자신의 방식을 절대화하지 않으며, 타인의 삶을 평가하기보다 이해하려 한다. 말로 이끌기보다 행동으로 보여주고, 앞서 나서기보다 옆에서 함께 걸어주는 사람이다. 그들은 나이나 지위로 권위를 세우지 않는다. 신뢰는 자연스럽게 따라오는 것이지 억지로 요구하는 것이 아님을 알기 때문이다.

세상에는 겉으로는 어른처럼 보이지만, 내면은 여전히 상처 입은 아이의 감정에서 벗어나지 못한 사람들이 많다. 어른 흉내를 내며 책임을 미루고, 권위적인 태도로 자신을 보호하며, 타인을 지배함으로써 존재감을 확인하려 한다. 그러나 진짜 어른은 힘을 휘두르기보다 힘을 다스릴 줄 안다. 누군가를 눌러야만 우월해지는 사람이 아니라 누군가를 편하게 만들어줄 수 있는 사람이 진짜 어른이다.

진짜 어른은 매일 어른이 되기 위해 노력하는 사람이다. 실수 앞에서 배움을 선택하고, 갈등 앞에서 도망치지 않으며, 흔들림 속에서도 자기 중심을 찾으려 애쓴다. 나이와는 상관없이 오늘을 충실하게 살아내고, 지금 이 순간에도 성장하려는 마음을 포기하지 않는 사람이 바로 우리가 닮아가야 할 어른이다.

어른은 시간이 데려다 주는 정체가 아니라 내가 만들어가는 정체성이다. 진짜 어른은 나이에 있지 않다. 어른이 되기 위해 필요한 건 나이보다 용기, 연륜보다 성찰, 경험보다 태도다. 우리는 모두 그런 어른이 될 수 있다. 그런 어른이 되어야만 다음 세대에게도 진짜 '어른다움'을 전할 수 있다.

아들러에게 배우는
나답게 살아가는 법

✓ **조급함은 내 삶의 시계를 잃었을 때 찾아온다**
남의 시계 말고 내 시계로 살아야 삶의 중심이 흔들리지 않는다.

✓ **깊어지는 삶은 나이를 받아들이는 연습에서 온다**
시간은 우리를 낡게도 만들지만 동시에 깊게도 만든다.

✓ **나이보다 중요한 건 지금의 태도다**
나이는 조건일 뿐 삶을 어떻게 대하느냐에 따라 진짜 어른이 된다.

✓ **진짜 어른은 감정을 조절하고 책임지는 사람이다**
감정을 드러내지 않으며 남 탓하지 않는 태도가 어른다움이다.

✓ **깊은 사람일수록 관계를 편안하게 만든다**
존중과 경계를 아는 사람은 함께 있을 때도 부담을 주지 않는다.

✓ **어른다움은 나이로 증명되지 않는다**
용기와 성찰, 태도가 진짜 어른을 만든다. 나이는 시간일 뿐이다

3부

인생 후반부를
재설계하는 시간

한 번의 선택이
전부는 아니다

 삶은 수많은 선택의 연속이며 그 선택의 대부분은 타인과의 관계, 사회의 기준, 비교라는 틀 안에서 이뤄진다. 아침에 눈을 뜨는 순간부터 우리는 비교의 세계 속으로 들어서며 매 순간 타인과 나를 나란히 놓고 바라본다. 그리고 종종 그 비교의 결과로 삶의 방향을 결정짓기도 한다.

 그 선택이 순간적으로 나에게 필요한 자극이 될 수도 있다. 하지만 비교가 곧바로 나의 기준이 되어버릴 때, 우리는 남의 인생을 사는 함정에 빠지기 쉽다. 누군가의 성취가 부럽지만 그것이 나의 삶과 맞는 것인지는 별개의 문제다. 비교는 인간이 자신을 파악하고 사회 속 위치를 점검하기 위해 사용하는 자연스러운 심리 작용이며 완전히 없앨 수는 없다. 문제는 그 비교를 맹목적으로 따라가며 '그 사람처럼 되어야 한다'는 식의 결론을 성급히 내리는 데 있다.

아들러는 **"인간의 행동은 '원인'이 아닌 '목적'에서 해석해야 한다."** 라고 말한다. 우리는 단지 자극을 받았기 때문에 변하는 것이 아니라 어떤 목적을 달성하기 위해 선택한다. 누군가를 보며 부러움을 느끼고, 그 사람처럼 되겠다고 결심했다면 그 안에는 '지금의 나는 부족하다'는 전제가 깔려 있다. 이때 그 목적이 진정 나로부터 비롯된 것인지, 아니면 외부로부터 주입된 것인지를 돌아보아야 한다. 비교에 의해 만들어진 선택은 종종 자기 삶의 중심을 잃게 만든다.

우리가 오해하는 것 중 하나는 한 번의 비교, 한 번의 자극, 한 번의 결심이 마치 모든 걸 바꾸는 듯 착각한다는 것이다. 삶은 한 번의 선택으로 결정되지 않는다. 선택은 수정되고 보완되며 방향도 달라질 수 있다. 중요한 건 그 선택이 지속 가능한가, 나에게 맞는가, 시간이 지나도 여전히 타당한가를 계속해서 묻는 태도다.

비교를 무조건 악으로 몰아가는 것도 위험하다. 아들러는 **"비교에서 비롯된 '열등감'이 인간의 성장을 이끄는 에너지가 될 수 있다."** 라고 보았다. 핵심은 그 비교를 어떻게 다루느냐다. 나를 압박하는 비교가 아니라 참고할 수 있는 **"저 친구처럼 되어야지"** 가 아니라, **"저런 방식 중 어떤 부분이 나에게 맞을까?"** 라는 태도처럼 비교를 참고로 삼을 수 있는 힘은 자기 이해에서 나온다. 내가 어떤 사람인지, 어떤 삶을 원하는지를 아는 사람만이 필요한 비교만 선별해서 삶에 활용할 수 있다.

누군가의 성공을 보고 그것을 따라 하려 할 때, 우리는 종종 그 사람의 노력과 시간같은 맥락은 보지 않고 결과만 본다. 결과를 기준으로 한 선택은 자칫 단순한 모방이 될 뿐 아니라 곧 자기 방향을 잃게 만드는 길이 된다. 아들러는 **"인간은 자기 삶의 '설계자'가 되어야 한다."** 라고 말한다. 설계자는 참고자료를 모으되 자신에게 맞는 설계도를 직접 그린다. 누군가의 성취는 참고가 될 수 있어도 정답은 아니다.

'한 번의 선택이 전부'라는 압박은 우리를 성급하게 만든다. 하지만 진짜 중요한 선택은 천천히, 반복적으로, 나의 기준을 계속 점검하며 완성되어야 한다. 누군가의 방식에 자극을 받았다면, 곧바로 따라 하기보다 시간을 두고 나의 상황과 어울리는지를 충분히 살펴보아야 한다. 깊은 선택은 즉흥적이지 않다. 비교에서 오는 감정이 나를 휘두르기 전에 한 번 더 멈추고 생각할 수 있는 여유가 필요하다.

무엇보다 중요한 것은 삶은 언제든 방향을 바꿀 수 있다는 믿음이다. 지금 잘못된 선택을 했다면 바꾸면 된다. 처음의 기준이 남에게 맞춰진 것이었다면, 이제부터 나의 기준을 다시 세우면 된다. 첫 선택이 완벽할 필요는 없다. 우리가 할 수 있는 건 매 순간 나다운 방향으로 다시 조정해 가는 일이다. 그렇게 살아가는 사람은 비교에 끌려다니지 않고 비교를 넘어선다.

비교는 인간의 본성이고 선택은 결과다. 하지만 선택의 책임은 결국 자신에게 있다. 그 책임은 나를 억누르기 위한 것이 아니라 내 삶을 주도하기 위한 권한이다. 비교를 참고로 삼되 결정은 내 삶의 기준 위에서 내리는 것이라는 사실 그리고 그 기준은 언제든 바뀔 수 있다는 사실을 잊지 않을 때, 비교는 더 이상 삶의 장애물이 아니라 내 방향을 확인하는 이정표가 되어준다.

한 번의 선택이 전부는 아니다. 비교에 흔들리더라도 다시 중심을 잡을 수 있다. 처음의 방향이 어긋났더라도 얼마든지 새롭게 조율할 수 있다. 타인의 삶을 참고하되 나의 삶을 만들어가는 주도권은 언제나 내게 있다는 것을 기억하자. 진짜 중요한 건 나의 속도로 나의 길을 걷는 일이다.

완벽하지 않아도 괜찮다

우리는 언제부터 완벽해야 한다고 믿게 되었을까? 인생에는 '정답지'가 존재하고, 그 정답에 맞춰야만 비로소 괜찮은 사람인 듯 여겨지는 시대다. 정말 우리는 그 정답을 스스로 원했던 걸까? 아니면 누군가의 시선, 사회의 기대, 비교의 틀 속에서 조용히 세뇌당한 것일까?

아들러는 **"인간은 타인과의 관계 속에서 성장한다."** 라고 말한다. 그 말은 우리가 다른 사람의 삶을 통해 영향을 받고, 때로는 나를 점검하며 살아간다는 뜻이다. 비교는 일상이며 타인의 삶을 본다는 건 자연스러운 일이다. 문제는 그 시선이 '관찰'이 아닌 '평가'로 바뀔 때 생긴다. 우리는 타인의 성공을 볼 때 나의 부족함을 떠올리고, 누군가의 여유를 보며 나의 무기력을 자책한다. 그 비교의 순간에 진짜 문제가 되는 건 내 삶이 부족한 것이 아니라 내가 '완벽해야 한다'는 전제를 이미 받아들였다는 데 있다.

"**왜 난 저 사람처럼 못할까?**"라는 질문 뒤에는 언제나 무언의 명령이 숨어 있다. "**그래서 넌 아직 안 돼**", "**그러니까 넌 더 해야 해**", "**지금의 넌 부족해**" 이런 메시지를 스스로에게 반복하다 보면 우리는 점점 더 위축된다. 아무리 노력해도 도달할 수 없는 기준 앞에서 끝없이 스스로를 깎아내리는 삶은 성장이 아니라 자기 소멸일 뿐이다.

아들러는 인간의 고통이 타인과의 수직적 관계에서 온다고 보았다. 우리는 끊임없이 위와 아래를 가른다. 누가 더 똑똑한가, 누가 더 빨리 성공했는가, 누가 더 좋은 조건을 가졌는가? 이 수직적 구도 속에서는 '있는 그대로의 나'를 받아들이기 어렵다. 우리는 늘 부족하고, 늘 어딘가를 향해 뛰고 있어야 하며, 멈추는 순간 불안에 잠식당한다. 이 수직 구도를 깰 수 있는 가장 강력한 태도는 바로 '관찰'이다.

관찰은 평가하지 않는 시선이다. 상대를 위도 아래도 아닌 옆에 있는 사람으로 바라보는 것. 누군가의 삶을 보며 "**저 사람은 저렇게 살아가는구나**"라고 인정하는 태도에는 부러움도 없고 멸시도 없다. 그저 '다름'을 인정하는 시선이 있을 뿐이다. 이 관찰의 태도가 자리를 잡기 시작하면 비교가 나를 아프게 하지 못한다. 오히려 상대의 삶을 통해 나의 삶을 더 깊이 이해하게 된다.

무엇보다 중요한 것은 이 모든 변화가 **"완벽하지 않아도 괜찮다"**는 믿음에서 시작된다는 점이다. 타인의 삶을 보며 내가 흔들리는 이유는 **"나는 이래서 안 된다"**는 생각이 이미 내 안에 자리 잡고 있기 때문이다. **"나도 지금 이대로 괜찮다"**는 믿음이 있다면, 남의 삶은 자극은 될지언정 상처가 되지는 않는다. 우리는 모두 제각기 다른 삶을 살고 있으며 그 삶에는 각자의 속도와 방식이 있다. 어떤 사람은 20대에 빛나고, 어떤 사람은 40대에야 제 꽃을 피운다. 어떤 이는 결혼이 안정감을 주고, 어떤 이에겐 홀로 서는 것이 자유를 준다. 삶에 '정답'은 없다. 나에게 맞는 '방식'이 있을 뿐이다.

완벽하지 않아도 괜찮다. 때로는 흔들려도 괜찮고, 멈춰 있어도 괜찮고, 뭔가 놓치고 있어도 괜찮다. 인간은 원래 불완전한 존재이고 삶은 항상 예측 불가능하다. 중요한 건 이 불완전함을 어떻게 받아들이고 다루는가이다. 완벽을 추구하면 삶은 점점 경직되지만, 불완전함을 인정하면 삶은 유연해진다. 틀려도 괜찮고, 느려도 괜찮고, 멀어 보여도 괜찮다. 지금 나의 모습으로도 삶은 충분히 의미 있고 성장의 가능성을 품고 있다.

우리는 쉽게 타인의 속도를 나의 기준으로 삼고, 자주 남의 인생을 나의 거울로 삼는다. 삶은 비교나 채점의 대상이 아니라 이해와 수용의 대상이다. 완벽하지 않음은 실패가 아니라 인간이라는 증거다. 그 인간다움을 받아들일 수 있을 때, 우리는 비로소 비교를 넘어설 수 있으며 타인의 시선에 위축되지 않고 나만의 호흡으로 살아갈 수 있다. 완벽하지 않아도 아직 어설퍼도 괜찮다. 당신은 괜찮은 삶을 살고 있고 앞으로도 그럴 자격이 충분하다.

지금 다시 시작해도 늦지 않다

우리는 살아오면서 자신을 증명하려 수없이 애써왔다. 좋은 학교를 가고, 안정된 직장을 얻고, 사람들의 기대에 부응하며 성실하게 살아온 이유도 결국은 이 말 한마디를 듣기 위해서였다. **"너 잘하고 있어"** 또는 **"넌 괜찮은 사람이야"** 우리는 타인의 기준에 맞춰 자신의 가치를 입증하려고 했다. 아들러가 말했듯이 인간은 타고난 열등감을 극복하려는 존재이기에 그 증명욕은 어쩌면 본능적인 것이다. 하지만 어느 순간 멈춰 서서 자문해봐야 한다. 나는 지금까지 무엇으로 나를 증명해왔는가?

문제는 그 증명의 기준이 과연 '내 것'이었는가 하는 데 있다. 남보다 더 나아야 한다는 생각, 더 많은 것을 이루어야 한다는 강박, 인정받지 못하면 존재 자체가 무의미해지는 듯한 불안감등 우리는 그렇게 자신을 외부 기준에 종속시켜왔다. 시험 점수, 직위, 연봉, 타인의 칭찬, SNS의 좋아요 수 같은 것들은 언제든지 변하고 사라질 수 있는 것들이다. 그 위에 존재의 가치를 얹는다면 우리는 언제든 무너질 수밖에 없다. 성과가 좋을 때 자존감이 올라가겠지만 조금만 흔들려도 바로 스스로를 부정하게 된다.

아들러는 존재의 가치를 성과에서 찾지 않았다. 그는 '인간은 무엇을 해냈는가'가 아니라 '어떤 태도로 살아가고 있는가'에 주목했다. 지금 이 순간의 나, 실패하거나 실수한 나조차도 여전히 가치 있는 존재라는 믿음이 없다면, 우리는 어떤 도전도 두려워질 수밖에 없다. 그는 반복과 성찰, 용기의 축적이 인간을 바꾼다고 말한다. 하루아침의 성공이 아니라 흔들리더라도 자기 자신을 놓지 않는 태도가 삶을 바꾼다는 것이다.

지금 우리가 해야 할 일은 분명하다. 나를 입증하려 애쓰기보다 나를 이해하려는 쪽으로 방향을 돌리는 것이다. 타인의 기준을 따라가며 자기를 증명하려 들기보다 내가 진정 원하는 삶의 방식과 가치를 다시 묻는 것이다. 지금까지의 삶이 비록 누군가의 잣대에 맞춘 것이라 할지라도 괜찮다고 말할 수 있어야 한다. 중요한 건 얼마나 빨리 성과를 내느냐가 아니라 내 삶의 방향이 진심에 닿아 있느냐는 점이다.

우리는 존재와 성과를 분리하는 연습이 필요하다. '나는 내가 한 일만큼의 가치가 있다'는 오래된 신념에서 벗어나야 한다. 아무것도 하지 않은 날에도, 내가 특별한 성취를 이루지 않은 시기에도 나의 존재는 여전히 유효하고 존엄하다. 실패는 단지 하나의 경험일 뿐 그것이 전부를 말하지는 않는다. **"나는 잘못했기에 존재할 자격이 없다"**가 아니라 **"나는 실수했지만 여전히 괜찮은 사람이다"**라고 말할 수 있어야 한다.

그 믿음은 우리를 다시 시작하게 만든다. 더 이상 완벽하려 애쓰지 않고, 성과에 목매지 않고, 보여주기 위해 살지 않게 한다. 조금 느리더라도 자기의 길을 선택하고 자기의 호흡으로 걸어가게 한다. 성과가 아닌 존재의 중심에 삶을 놓는 사람은 어떤 결과에도 흔들리지 않고 그 자체로 단단하다.

당신이 삶의 어디쯤에서 멈춰 섰다면 다시 시작해도 늦지 않다. 지금껏 해온 방식이 아닌 새로운 기준으로 나를 정의하는 연습을 시작해보자. 남들에게 보여주기 위한 삶이 아니라 스스로 납득할 수 있는 삶을 살기 위한 작은 걸음을 다시 내딛어보자. 아들러가 말했듯 인간은 언제든 방향을 바꿀 수 있는 존재다. 지금 이 순간이 당신이 다시 시작할 수 있는 첫날이 될 수 있다. 누구에게 보여주기 위해서가 아니라 진짜 당신을 살기 위해서 말이다.

아들러에게 배우는
나답게 살아가는 법

✓ **한 번의 선택이 인생을 결정하지 않는다**
삶은 수정과 조정이다. 언제든 나의 기준으로 방향을 잡을 수 있다.

✓ **비교는 참고할 뿐 기준이 되어선 안 된다**
타인의 삶이 정답은 아니다. 중요한 건 내 삶을 설계하는 것이다.

✓ **완벽에 대한 강박이 삶을 경직시킨다**
완벽하지 않아도 괜찮다는 믿음이 삶을 유연하게 만든다.

✓ **나와 타인을 위계로 보지 않는 '관찰'의 힘**
타인을 관찰의 대상으로 볼 때 비교는 상처가 아닌 통찰이 된다.

✓ **성과가 아닌 존재로 나를 인정하라**
있는 그대로의 나를 받아들이는 태도가 중요하다.

✓ **지금부터 다시 시작해도 늦지 않다**
삶의 중심을 다시 세울 수 있는 시간은 언제나 '지금'이다. .

4부

꿈은
방식만 달라질 뿐,
늦지 않는다

꿈은 포기하는 게 아니라
다르게 이어지는 것

　우리는 종종 '포기'라는 단어 앞에서 좌절감을 느낀다. 어떤 꿈을 오래 붙잡고 있다가 놓을 수밖에 없는 순간, 혹은 지금까지 달려온 방향이 진짜 내 것이 아니었음을 깨달을 때 마음속에는 실패라는 그림자가 어른거린다. 우리는 정말 꿈을 '포기'하는 것일까? 아니면 그 꿈을 다르게 이어가고 있는 것은 아닐까?

　많은 이들이 타인의 기준으로 꿈을 정의한다. 사회가 박수쳐주는 모든 것이 '성공'이라는 이름으로 포장되고, 우리는 그 방향을 자연스럽게 따라간다. **"나는 왜 저만큼 하지 못했을까?", "어떻게 해야 저 자리에 갈 수 있을까?"** 비교는 어느새 '열망'이 되고, 그 열망은 다시 '당연히 원하는 것'처럼 내 안에 자리 잡는다. 그러나 그 꿈은 정말 '내 것'이었을까?

아들러는 *"인간은 삶의 목표를 스스로 설정할 수 있는 존재다."* 라고 말한다. 하지만 대부분의 사람은 스스로 목표를 정한다고 착각할 뿐 실제로는 타인의 욕망을 빌려 쓰고 있다. 어릴 적부터 누군가의 기대 속에서 칭찬받은 방향으로 살아왔고 사회가 보장한 '좋은 인생'을 쫓으며 선택해온 경로가 과연 진짜 나의 꿈이었는지는 의심해보지 않았다. 그래서 목표를 달성하고도 허무함만 남는 것이다. 왜냐하면 그것은 내가 진짜 원한 삶이 아니었기 때문이다.

꿈은 '포기'가 아니라 '재설정'될 수 있다. 방향을 바꾸는 일은 실패가 아니다. 오히려 그것은 자기 삶을 정직하게 바라보는 용기에서 비롯된다. 지금껏 내가 쌓아온 것들—직위, 커리어, 평판, 자산—이 진정한 내 욕망의 결과물이었는지를 자문해보자. 만약 그것들이 '그래야 한다'는 당위 속에서 설정된 꿈이었다면 이제는 멈춰 다시 묻는 것이 맞다.

"나는 지금, 나만의 욕망을 살고 있는가?"

우리가 꿈을 바꾸는 것을 두려워하는 이유는 그것이 마치 후퇴나 포기처럼 느껴지기 때문이다. 하지만 진짜 포기는 자신의 욕망을 모른 채 살아가는 삶이다. 타인의 삶을 흉내 내며 남들이 좋아하는 방향으로만 달려가는 것이야말로 스스로에 대한 가장 깊은 배신이다. 꿈을 바꾸는 것이 아니라 이제야 비로소 '진짜 나의 꿈'을 찾아 나서는 것이라면 그것은 새로운 시작이다.

진짜 욕망은 겉으로 화려하지 않을 수도 있고, 남들이 쉽게 알아보지 못할 수도 있다. 그러나 그 안에는 오래 지속될 수 있는 동기와 깊은 만족이 깃들어 있다. 실패해도 다시 일어나게 만드는 힘, 남들의 평가에 흔들리지 않게 하는 조용한 확신등 우리는 그 감정에서 진짜 꿈의 실마리를 찾을 수 있다. 그 꿈은 종종 삶의 방향을 바꾸는 '다른 길'에서 발견된다.

아들러는 **"인간은 누구의 수단이 되어서는 안 된다."** 라고 말한다. 당신의 욕망은 누군가의 인정을 받기 위한 수단이 아니라 스스로 존재의 목적이 되어야 한다. 꿈이란 반드시 하나의 모습으로만 완성되어야 하는 것이 아니다. 처음 그리던 모습과 달라졌다고 해서 실패가 아니다. 더 단단해진 나로, 더 분명한 기준으로 나답게 이어지고 있는 것일 수 있다.

우리는 흔히 **"이 길이 아니면 안 돼"** 라고 생각하지만 사실 인생에는 수많은 다른 길이 있다. 중요한 건 그 길이 누구의 욕망에서 비롯되었는가이다. 방향을 잃었다면 그것은 멈추라는 신호가 아니라 돌아보라는 기회다. 그 기회 속에서 진짜 나의 욕망이 깨어나며 꿈은 끝나는 것이 아니라 새로운 방식으로 이어진다.

'지금까지의 나'가 아니라 '지금부터의 나'를 믿는다면, 우리는 어떤 시점에서든 새로운 꿈을 시작할 수 있다. 중요한 건 그 꿈이 나를 중심으로 하고 있는가이다. 포기처럼 보였던 모든 선택은 사실 진짜 나에게로 향하는 길이었다. 그러니 이제는 두려워하지 말

자. 지금까지의 꿈을 떠나보낸다고 해도 괜찮다. 그것은 끝이 아니라 다시 나답게 이어지는 시작이다. 꿈은 포기하는 게 아니고 다르게 이어지는 것이다.

나이에 맞는
열정이 있다

'열정'이라는 단어는 종종 젊음의 특권처럼 여겨진다. 밤을 새워 무언가에 몰두하고, 실패를 두려워하지 않으며, 가능성 하나로 뛰어드는 기백을 우리는 열정이라 부르지만, 어느 시점부터는 **"이제는 나도 나이가 있잖아"**라며 스스로의 불씨를 줄이게 된다. 열정은 나이를 기준으로 사라지는 것이 아니며 그 형태가 바뀔 뿐이다. 과거의 방식으로만 열정을 기억하려는 이들은 현재의 방식으로 열정을 느낄 줄 모르게 된다.

아들러는 *"인간은 끊임없이 목표를 향해 움직이는 존재다."*라고 말한다. 삶의 시기마다 목표는 달라지고 그에 따라 추구하는 방식도 바뀐다. 젊은 시절에는 무언가를 '획득하려는 열정'이 강하다. 자격증, 직업, 관계, 사회적 인정 등 외부의 성취를 향한 갈망이 크다. 그러나 나이가 들수록 우리는 그 외형보다는 '지켜내는 것', '깊어지는 것'에 더 많은 의미를 부여하게 된다. 이때 필요한 것은 과거의 열정을 반복하는 것이 아니라 지금의 삶에 맞는 열정을 재정의하는 일이다.

열정이란 무조건적인 활력이나 감정의 폭발만을 뜻하지 않는다. 때론 조용한 집중력, 깊은 몰입, 오랜 꾸준함 속에서도 열정은 존재한다. 예전처럼 하루에 열두 시간씩 투자하지는 않더라도, 삶의 작은 영역에서 꾸준히 나다움을 실천하는 모습 속에서 우리는 성숙한 열정을 발견할 수 있다. 과거에는 성과 중심의 열정이 중요했다면, 지금은 의미 중심의 열정이 삶을 이끈다.

많은 사람들이 **"예전 같지 않다"**는 말을 입에 달고 산다. 체력도 떨어졌고, 기억력도 예전 같지 않고, 세상이 돌아가는 속도도 감당하기 어렵다고 한다. 말 자체는 맞지만 중요한 건 그 속에서 '지금의 나'에 맞는 방식으로 열정을 회복하려는 의지다. 젊은 시절처럼 무언가를 빠르게 이뤄내는 방식이 아니더라도, 삶의 밀도를 더해가는 방식으로도 우리는 충분히 뜨겁게 살아갈 수 있다.

젊을 때는 새로운 것을 배우는 데 있어서 결과에 집중했다면, 나이가 들었을 때는 과정을 천천히 음미하고, 의미를 되새기며 즐길 수 있다. 그림을 그리거나 악기를 배우는 일이 꼭 전시나 공연으로 이어지지 않아도 좋다. 나만의 방식으로 이어가는 것 자체가 깊은 열정이다. 누군가는 글을 쓰고, 누군가는 텃밭을 가꾸며,

누군가는 자녀 대신 손주들과 시간을 보내는 방식으로 열정을 꽃 피운다. 지금 이 시기의 내가 할 수 있는 방식으로 나를 표현하는 것, 그것이야말로 나이에 맞는 열정이다.

아들러는 **"인간의 삶에서 가장 큰 성장의 조건은 '책임감'이다."** 라고 말한다. 나이가 든다는 것은 단지 생물학적인 노화가 아니라 내 삶의 방식을 스스로 선택하고 책임질 수 있는 능력이 생긴다는 뜻이기도 하다. 내가 원하는 열정의 형태가 무엇인지를 묻고 그에 맞는 삶을 꾸려가는 능력을 갖추는것이 진정한 어른의 태도이며 성숙한 열정의 기반이 된다.

젊음이 '기회'에 대한 열정이었다면 중년 이후의 열정은 '방향'에 대한 것이다. 더 이상 모든 문을 두드릴 필요는 없다. 나에게 맞는 문이 무엇인지를 알기에 한 번의 선택에 더 많은 애정을 담을 수 있다. 그 선택은 외부의 평가를 고려하지 않고 내가 나를 존중하며 사는 방식으로 이어진다. 그 존중 속에서 우리는 다시 삶의 불씨를 발견하게 된다.

"이제는 늦었어", **"지금 시작하기엔 너무 늦었어"** 라고 말하는 순간 우리는 스스로 열정을 포기하게 된다. 하지만 열정은 시계 바늘과 함께 사라지지 않는다. 오히려 지금 이 순간에도 삶은 나에게 묻는다. **"당신은 아직도 무언가를 좋아할 수 있는가?"**, **"지금의 나로도 충분히 꿈꿀 수 있는가?"** 그 대답이 **"예스"** 라면 그것이 바로 현재의 열정이다.

나이에 맞는 열정이란 내 삶을 타인의 기준이 아닌 나의 기준으로 정의할 수 있는 힘에서 비롯된다. 젊음의 흉내를 내는 것이 아니라 지금의 나를 진심으로 살아가는 것이야말로 가장 단단하고 오래 지속될 수 있는 열정이다. 더 이상 시간과 싸우지 말고 지금의 시간을 안아주자. 그 안에서 우리는 또 다른 방식으로 꿈꾸고 또 다른 방식으로 타오를 수 있다.

끝까지 삶을 사랑하는 태도

살면서 우리는 늘 '더 나은 나'를 꿈꾼다. 지금의 나는 아직 미완성이고, 언젠가는 더 성숙하고, 더 성공하며, 더 사랑받는 사람이 되어야만 비로소 삶이 괜찮아질 것처럼 여긴다. 우리는 현재의 자신을 잠정적인 존재로 여기며 살아간다. 하지만 아들러는 **"인간은 완성되기 위해 사는 존재가 아니라 그저 살아가는 존재일 뿐이다.**"라고 말한다. 완전함을 목표로 하면 지금의 나는 언제나 부족하고, 그 부족함은 삶에 대한 불만으로 이어진다. 반면 지금의 나를 있는 그대로 받아들이는 태도는 삶을 사랑하는 출발점이다.

자기 수용은 포기의 다른 이름이 아니다. **"지금도 괜찮지만, 더 나아지고 싶어"** 라고 말할 수 있을 때, 변화는 억압이 아니라 자연스러운 성장의 흐름이 된다. 자기 자신에게 친절해지는 일이 삶에 대한 깊은 애정이다. 우리는 종종 타인에게는 관대하면서 자신에게는 냉정하다. "왜 이걸 못했지?", "왜 또 이랬을까?" 하고 자신을 질책하지만 우리가 가장 자주 들어야 할 말은 **"지금도 괜찮아", "그럴 수도 있지", "조금 느려도 돼"** 와 같은 따뜻하고 다정한 인정이다. 자기 자신을 이해하고 받아들이는 이 따뜻한 시선은 불안정한 세상 속에서도 삶을 지속하게 하는 내면의 힘이 된다.

삶을 사랑하기 위해서는 외부의 잣대를 하나씩 내려놓아야 한다. 우리는 오랫동안 남이 만든 기준 안에서 살아왔으며, 그 틀에 억지로 맞추며 살아갈수록 나는 점점 사라져간다. 타인의 기대와 사회가 정한 성공의 척도에 맞추려 할수록, 내 안의 목소리는 작아지고 불안은 커진다. 스스로 목적을 설정하지 않으면 우리는 결국 타인의 목적을 대신 살아가게 된다고 아들러는 말한다. 그 순간부터 삶의 방향은 내가 아닌 다른 사람의 손에 맡겨진다. 외부의 기준은 끊임없는 비교를 부르고, 비교는 삶의 중심을 흔든다. 내가 어디로 가고 있는지보다 남이 어디까지 갔는지를 더 중요하게 생각하도록 만들기 때문이다. 그리고 이 습관이 오래 지속되면, 결국 나의 삶은 '나'의 것이 아닌 '남'을 위한 여정이 되어버린다.

삶을 진정 사랑하는 태도는 비교에서 벗어나 '나만의 기준'을 세우는 데 있다. 기준은 단지 목표가 아니라 내가 중요하게 여기는 삶의 방향이자 가치다. 그것은 하루하루의 선택을 이끄는 나침반이 되고, 흔들리는 순간에도 돌아올 수 있는 안전한 중심이 된다. 누군가는 평온을, 누군가는 성장을, 누군가는 창조성을 기준으로 삼는다. 이 기준은 타인과 비교할 수 없다. 비교하는 순간 그 고유함은 희미해지고, 기준은 다시 외부의 영향 아래 놓이게 된다. 내가 중요하게 여기는 것에 집중할 때 다른 사람의 삶은 더 이상 위협이 아니다. 오히려 각자의 길을 존중하게 되고, 나 역시 나의 길을 단단히 걸을 수 있다. 삶을 사랑한다는 것은 남들이 쳐다보는 삶이 아니라 내가 기꺼이 살아내고 싶은 삶을 선택하는 일이다. 그리고 그 선택을 매일 확인하며 살아가는 것이 곧 '나만의 기준'을 지키는 삶이다

이 기준은 변할 수 있다. 나이가 들면서 가치관은 바뀌고 삶의 우선순위도 달라진다. 경험과 환경이 달라지면 어제의 목표가 오늘은 더 이상 유효하지 않을 수도 있다. 그렇기에 삶을 사랑하는 태도는 늘 나 자신에게 묻는 질문에서 비롯된다. **"지금 나는 무엇을 소중히 여기는가?", "나는 어떤 삶을 살고 싶은가?"** 이 질문은 단순한 자기점검이 아니라, 앞으로의 방향을 결정짓는 나침반이 된다. 이 질문에 귀 기울이는 순간, 우리는 내면으로 방향을 틀고 삶의 중심에 자신을 다시 세우게 된다. 그리고 그 중심이 바로 설 때, 외부의 변화에도 흔들리지 않고 나만의 길을 걸어갈 힘이 생긴다.

삶은 완벽하지 않다. 실수도 하고, 흔들리기도 하고, 뜻대로 되

지 않을 때도 많다. 예상치 못한 변수와 계획에 없던 변화가 우리의 길을 수없이 수정하게 만든다. 하지만 그 모든 순간이 지금의 나를 구성한다. 실수까지 포함해서 나답게 살아왔다는 자각, 그것이 삶에 대한 애정이다. 잘한 일만이 아니라 서툴렀던 순간과 후회되는 선택까지도 나의 일부로 품을 때, 비로소 삶은 온전히 내 것이 된다. 삶을 끝까지 사랑한다는 것은 어떤 모습의 나든 함께 살아가겠다는 결심이다. 바꾸어야만 견딜 수 있는 내가 아니라 지금 이 모습으로도 함께 살아갈 수 있는 내가 되어야 한다. 그 결심이 있을 때, 우리는 변화가 필요할 때도 서두르지 않고, 있는 그대로의 나를 존중하며 앞으로 나아갈 수 있다.

끝까지 삶을 사랑하는 사람은 언제나 자기 안에 자리를 잡는다. 남의 기준에 휘둘리지 않고, 비교에 지치지 않으며, 자기 삶의 리듬으로 살아간다. 그렇게 살아가는 사람은 외부의 시끄러움 속에서도 내면의 평온을 잃지 않는다. 그들은 말한다. **"나는 지금 이대로도 괜찮다"** 이 문장은 삶에 대한 포기가 아니라 가장 깊은 애정의 표현이다. 우리 모두 이 문장으로부터 다시 시작할 수 있다. 삶을 완성하려 하지 말고 삶과 함께 살아가는 법을 배우는 것. 그것이야말로 끝까지 삶을 사랑하는 진짜 태도다.

아들러에게 배우는
나답게 살아가는 법

✓ **포기는 끝이 아니라 방향의 전환이다**
  타인의 기준보다 내 안의 욕망에서 생긴 진짜 꿈이 필요하다.

✓ **진짜 욕망은 조용하지만 오래 간다**
  나만의 열망에서 비롯된 목표는 흔들리지 않는 동기를 만들어낸다.

✓ **지금의 나에게 맞는 열정을 찾아야 한다**
  젊음의 열정은 성과 중심이지만 중년 이후의 열정은 의미 중심이다.

✓ **삶의 속도보다 방향이 더 중요하다**
  자책보다 지금 할 수 있는 방식으로 나를 표현하는 것이 중요하다.

✓ **삶을 완성하려 말고 사랑하려는 태도**
  나를 있는 그대로 받아들여야 변화는 자발적인 성장이 된다.

✓ **'지금 이대로도 괜찮다'는 확신**
  완벽함보다 삶의 리듬에 나를 맞추는 태도가 평온으로 이끈다.

4장

열등감을
성장의 연료로
바꾸는 연습

1부

감정을 해석하는 능력 기르기

감정의 표면만
보지 않기

우리는 종종 감정의 '결과'에만 반응한다. 화가 나면 누군가에게 짜증을 내고, 불안하면 피하거나 회피하고, 우울하면 의욕을 잃는다. 감정은 행동으로 곧장 이어지고 그 행동은 관계를 흔들거나 자기 자신을 공격하는 방향으로 흐르기도 한다. 아들러는 이런 감정의 흐름을 근본적으로 다시 보라고 말한다. 감정은 단지 자동 반응이 아니라 어떤 목적과 해석에 의해 만들어진 결과라는 것이다. 감정은 그 자체가 진실이 아니라 진실을 향해 나아가기 위한 단서일 뿐이다. 감정의 '표면'이 아니라 그 아래 깔린 메시지를 읽을 수 있어야 우리는 감정에 휘둘리지 않고 감정을 다룰 수 있게 된다.

누군가에게 서운함을 느낄 때 우리는 그 감정이 당연하다고 여긴다. "저 사람이 나를 배려하지 않았으니까 내가 이렇게 기분 나쁜 건 당연하지"라고 생각한다. 하지만 그 감정의 밑바닥을 들여다보면 **"나는 이해받고 싶다"**, **"나는 소외되고 싶지 않다"**는 욕구가 자리하고 있다. 불안도 마찬가지다. 단순히 미래가 두려워서가 아니라 **"나는 실패하면 안 된다"**, **"나는 기대에 부응해야 한다"**는 생각이 작동하고 있기 때문에 불안한 것이다. 감정의 표면만 보면 상황 탓이나 타인 탓을 하게 되지만, 감정의 뿌리를 들여다보면 나의 사고방식과 해석 방식이 그 감정을 만들어냈음을 알게 된다.

아들러는 인간의 감정을 '선택 가능한 해석'의 결과로 본다. 같은 상황에서도 사람마다 전혀 다른 감정을 느낄 수 있다는 점에서 감정은 상황에 대한 객관적 반응이 아니라 주관적 해석의 산물이라는 것이다. 중요한 건 바로 이 해석의 구조를 이해하는 것이다. **"내가 느낀 감정은 왜 그렇게 해석되었을까?"**, **"어떤 전제와 기대가 작동하고 있었을까?"** 이 질문을 던지면 우리는 감정의 이면에 있는 신념과 사고 패턴을 찾아낼 수 있다. 그 순간부터 감정은 통제할 수 없는 감각이 아니라 이해 가능한 신호로 바뀐다.

감정을 해석하려면 멈추는 연습이 필요하다. 감정이 올라오는 순간에 곧바로 반응하지 않고 '지금 내가 무엇을 느끼고 있는가', '왜 이런 감정이 들었는가'를 자문하는 여유가 생기면 감정의 정체가 보이기 시작한다. **"화를 낸 건 사실은 무시당했다고 느꼈기 때문이구나"**, **"내가 이렇게 슬픈 건, 내가 나 자신을 충분히 사랑**

하지 못해서였구나" 이런 깨달음은 감정을 억누르거나 외면하는 것이 아니라 감정과 대화하며 그 안에 숨은 나의 진짜 마음을 꺼내는 일이다.

감정의 표면에만 머무를 때 우리는 타인과 자신을 쉽게 상처 입힌다. 반대로 감정의 뿌리를 볼 수 있을 때 우리는 더 이상 감정에 끌려가지 않는다. 감정을 판단하지 않고 그 감정이 알려주는 욕구와 메시지를 인정할 수 있을 때 비로소 성숙한 감정 사용이 가능해진다. 아들러는 **"인간은 자기를 이해하고 해석할 수 있는 존재다."** 라고 말한다. 감정은 통제 불가능한 본능이 아니라 이해하고 조절할 수 있는 심리적 구조라는 것이다.

감정은 언제나 무언가를 말하고 있다. 그 메시지를 듣지 않으면 감정은 더 큰 파도로 돌아온다. 하지만 그 메시지에 귀를 기울이고, 그 안의 의미를 해석할 수 있다면 감정은 성장의 도구가 된다. 부정적인 감정이라도 그 감정이 말하는 욕구와 결핍을 정확히 알아차리는 순간, 우리는 스스로를 더 깊이 이해하게 되고 타인과의 관계도 훨씬 건강해진다.

감정의 표면에 머물지 말고 감정의 뿌리를 찾아가자. 그 뿌리를 이해할 수 있다면 우리는 감정에 끌려가는 사람이 아니라 감정을 이끄는 사람으로 살아갈 수 있다. 감정을 다스린다는 것은 억누르는 것이 아니라 정확히 해석하는 일이다. 그 해석이 삶을 더 부드럽고 단단하게 만들어준다.

반응하기보다 이해하기

감정은 참 빠르다. 어떤 상황이 벌어지면 생각보다 먼저 몸과 마음이 반응한다. 누군가의 말에 상처받거나 무시당했다고 느끼는 순간 우리는 곧장 분노하거나 움츠러든다. 아들러는 **"인간의 감정은 그 자체로 목적성을 띤다."** 라고 말한다. 감정은 상황을 '어떻게 해석하느냐'에 따라 달라지며, 그 해석은 우리에게 특정한 행동을 유도한다. 감정은 단순히 느끼는 것이 아니라 반응하기 전에 이해해야 할 대상이다. 감정을 '느끼는 즉시' 반응하는 삶에서 벗어나 '이해한 후' 행동할 수 있을 때, 우리는 감정에 끌려가는 사람이 아닌 감정을 다루는 사람이 된다.

대부분의 갈등은 감정에 곧장 반응했기 때문에 벌어진다. 누군가가 비판을 했을 때 그것이 나를 공격하는 것이라 판단하는 순간 우리는 즉시 방어하거나 반격한다. 하지만 그 말을 한 사람은 단지 '자신의 생각'을 말한 것일 수도 있고 불편한 감정을 전달하고 싶었던 것일 수도 있다. 그 말을 '이해'하는 시간을 갖지 않는다면 우리는 그 의도를 왜곡된 방식으로 받아들이고 불필요한 오해와 충돌을 만들게 된다. 감정을 있는 그대로 믿지 말고 그 감정이 나에게 무엇을 말하고자 하는지를 먼저 파악해야 한다. 반응보다 해석이 먼저다.

'반응하기보다 이해하기'는 곧 감정 사이에 '공간'을 만드는 훈련이다. 자극이 들어왔을 때 즉시 반응하지 않고 그 사이에 멈춤과 해석을 두는 것. 이 멈춤은 단 몇 초일 수도 있지만 삶의 질을 결정짓는 강력한 간격이 된다. **"지금 이 말이 왜 나를 이렇게 불편하게 만들었을까?", "내가 지금 느낀 이 감정은 어떤 욕구와 연결되어 있을까?", "지금 반응하지 않고 조금 더 듣는다면 어떤 변화가 생길까?"** 이런 질문은 감정을 처리하는 '이해의 창'을 열어준다.

아들러는 ***"인간은 행동을 선택할 수 있는 존재다"***라고 말한다. 감정 또한 그 선택의 일부다. 내가 그 감정에 휘둘릴지 아니면 감정의 의미를 해석하고 다른 방식으로 반응할지를 선택할 수 있다는 것이다. 우리는 감정이 일어난 순간에 반드시 그 감정대로 행동할 필요는 없다. 오히려 감정을 '존재 자체로 인정하되' 그것이 만들어내는 반응은 거리를 두고 바라볼 수 있어야 한다. 그 거리가 바로 자기 조절력이고 삶의 여유다.

감정을 곧장 반응으로 옮기면 우리는 감정의 노예가 된다. 하지만 감정을 이해하고 해석한 뒤 행동을 선택하면 우리는 자기 삶의 주도권을 가진다. 반응은 즉각적이지만 이해는 지연과 약간의 시간을 요구한다. 그 지연은 결코 소극적인 태도가 아니다. 그것은 깊이 있는 삶의 기술이며 인간관계를 단단하게 만들고, 자존감을 지켜주는 중요한 근육이다. 타인과의 갈등 상황에서 반응 대신 이해를 택하는 사람은 갈등을 폭발로 치닫게 하지 않고, 대화로 풀 수 있는 여지를 남긴다.

이해는 단지 타인을 위한 행동이 아니다. 그것은 나 자신을 보호하고 내 감정의 진짜 목적을 파악하며 불필요한 오해와 고통에서 벗어나는 방법이다. 감정을 억누르지 않으면서도 감정에 휘둘리지 않는 사람은 바로 이 '이해의 능력'을 갖춘 사람이다. 그들은 격해진 감정 속에서도 자기 언어를 잃지 않고 타인의 말 속에서 자신을 지켜낸다.

감정은 반응하라고 올라오는 것이 아니다. 감정은 이해하라고 우리 안에서 발생하는 것이다. 삶을 조금 더 단단하게 조금 더 부드럽게 살아가고 싶다면 반응을 줄이고 이해를 늘려야 한다. 말이 아니라 마음을 먼저 읽고 감정이 아니라 의미를 먼저 살펴보는 사람이 자신을 다스릴 줄 아는 사람이다.

감정과 행동 사이의
공간 만들기

감정은 자연스럽고 인간적인 것이다. 문제는 그 감정을 느꼈다는 사실이 아니라 그 감정 이후에 우리가 어떤 행동을 선택하느냐다. 아들러는 인간이 자신의 삶을 '선택'할 수 있는 존재임을 강조하며, 감정에 따라 행동하는 것이 아니라 행동을 결정하는 데 감정을 '활용'해야 한다고 말한다. 감정이 올라오는 건 자동이지만 행동은 선택이다. 중요한 것은 이 둘 사이에 '공간'을 만드는 일이다. 감정과 행동 사이에 여백이 없으면 우리는 자주 후회하는 행동을 반복하게 된다. 하지만 그 사이에 '해석과 판단의 여유'를 만들 수 있다면, 감정은 더 이상 문제의 원인이 아니라 통제 가능한 에너지로 바뀐다.

우리는 누구나 '충동적인 말'이나 '즉각적인 반응'으로 관계를 망치거나 후회하는 경험이 있다. 분노가 올라오는 순간 상대방에게 상처 주는 말을 내뱉거나 자리를 박차고 나와버리는 식이다. 후회는 늘 늦게 따라온다. **"그때 조금만 더 참을 걸", "그 말을 하지 말았어야 했는데"** 문제는 감정이 아니라 그 감정을 처리할 시간과 공간이 없었다는 데 있다. 우리는 반드시 감정과 행동 사이에 '나를 위한 멈춤'을 만들어야 한다. 이 멈춤은 상황을 다시 보는 여유이자 감정의 진짜 신호를 읽는 중요한 기회다.

아들러 심리학에서는 이 멈춤을 '행동 이전의 책임 있는 판단'이라고 표현할 수 있다. 우리는 '느낌'에 의해 무의식적으로 행동하지 않고 그 느낌을 토대로 어떤 반응이 가장 나를 살릴 수 있는지를 선택할 수 있다. 누군가의 말에 수치심이 느껴졌다면 그 감정을 그대로 반응으로 옮기기보다는 **"나는 왜 이런 느낌을 받았을까?", "이 감정은 나의 어떤 상처와 연결되어 있을까?", "이 상황에서 내가 선택할 수 있는 가장 나은 반응은 무엇일까?"** 와 같은 질문을 던져보는 것이다. 이 질문들이 만들어주는 '사이의 공간'이 바로 자기 성장의 터전이 된다.

감정과 행동 사이의 공간을 만드는 사람은 외부 자극에 휘둘리지 않는다. 외부의 자극보다 자신의 내면을 먼저 살핀다. 이것은 약한 사람이 되라는 말이 아니며 오히려 더 강한 사람이 되라는 말이다. 자기 감정을 조절할 수 있는 사람은 상대를 함부로 대하지 않으며, 감정적 폭발로 자신을 망치지 않는다. 그것은 단단하고도 부드러운 태도다. 타인의 말 한마디에 곧장 상처받고 반응하는 사람이 아니라 그 말을 받아들이는 자기 해석력을 지닌 사람. 그는 자기 삶의 주도권을 쥔 사람이다.

이 여백은 단지 몇 초의 침묵일 수도 있고 하루 정도의 거리두기일 수도 있다. 중요한 건 그 시간 동안 우리는 감정을 해석하고, 그에 적절한 반응을 고민하며 나를 위한 결정을 내릴 수 있다는 점이다. 이 멈춤의 기술을 가진 사람은 감정에 휘둘리지 않고 감정을 '이해하고 다스리는' 사람이 된다. 그것은 단지 평온해 보이는 삶이 아니라 내면의 통제력을 갖춘 성숙한 삶이다.

감정은 즉각적이지만 그 감정에 휘둘릴지 아니면 그것을 통과할지는 선택이다. 감정과 행동 사이에 공간을 만들 수 있다는 것은 삶의 반응 속도를 늦추는 것이 아니라 삶의 질을 높이는 일이다. 그 공간 속에서 우리는 더 나은 선택을 준비할 수 있고, 그 선택은 결국 나의 삶을 더 성숙하고 평온하게 만든다.

아들러에게 배우는
나답게 살아가는 법

✓ **감정은 해석 가능한 신호다**

  감정은 본능이 아닌 내 안의 욕구와 해석이 만들어낸 메시지다.

✓ **감정의 표면이 아닌 뿌리를 보라**

  짜증, 불안, 분노에는 실패하고 싶지 않은 욕망이 숨어 있다.

✓ **감정에 반응하지 말고 이해하라**

  상대에게 반응하지 않고 감정의 목적을 살펴볼 때 관계도 달라진다.

✓ **반응 대신 해석을 선택하라**

  감정에 즉시 반응하지 않고 "왜 이런 감정을 느끼는가"를 묻는 연습이 필요하다.

✓ **감정과 행동 사이에 공간을 만들어라**

  감정은 자동이지만 행동은 선택이다.

✓ **감정에 끌려가지 말고 감정을 이끄는 삶**

  억누르지 않되 휘둘리지 않는 태도는 단단한 삶의 평온으로 이어진다.

2부

나를 격려하는
말의 힘

나에게 해주는
말이 중요하다

우리는 하루에도 수많은 말을 듣는다. 그중에서도 가장 자주 듣는 말은 타인의 말이 아니라 '내가 나에게 하는 말'이다. **"나는 왜 이 모양일까?", "내가 뭘 잘하겠어?", "또 실수했네"** 이런 말들은 너무 익숙해서 스스로도 인식하지 못할 때가 많다. 아들러는 **"인간은 자신에게 하는 말을 통해 자기를 만들어간다."** 라고 말한다. 내가 나에게 어떤 언어를 사용하는지는 곧 내가 나를 어떤 존재로 바라보는지를 보여준다. 자기 자신에게 던지는 말은 단순한 혼잣말이 아니라 정체성을 결정짓는 반복된 암시이자 삶의 태도를 결정짓는 기준이다.

우리는 어린 시절부터 외부의 평가에 익숙해져 있다. 잘했다는 칭찬에는 들뜨고 부족하다는 지적에는 움츠러든다. 부모의 비판,

교사의 지적, 친구의 비교가 내면의 '비난하는 자아'가 되어 나를 끊임없이 몰아붙인다. 이 자아는 실수를 허용하지 않고 늘 '좀 더 잘했어야 한다'며 채찍질한다. 문제는 그런 말들이 과연 나를 성장시키는가이다. 오히려 자존감은 낮아지고 시도조차 두려워지는 경우가 많다.

우리는 어떤 말을 자신에게 건네야 할까? 아들러는 인간은 '용기의 존재'라고 말하며 자기에게 용기를 북돋우는 말을 건네야 한다고 강조한다. **"이번에는 실수했지만, 다음에는 더 나아질 수 있어"**, **"지금 당장은 부족해 보여도, 나는 계속 배우고 있어"** 이런 말들은 현실을 부정하지 않으면서도 가능성을 닫지 않는다. 이는 단순한 긍정적 사고가 아니라 자기 자신을 지지하는 태도다. 자기 격려는 현실을 똑바로 보되 거기서 멈추지 않고 나아가게 하는 내면의 말이다.

열등감을 자주 느끼는 사람일수록 자기 자신에게 가혹하다. 열등감은 '나는 부족하다'는 감정에서 시작되지만 그것을 어떤 말로 처리하느냐에 따라 완전히 다른 결과를 만든다. **"나는 이래서 안 돼"**라고 말하면 열등감은 굳어진 낙인이 된다. 하지만 **"나는 지금 여기에서부터 시작할 수 있어"**라고 말하면 그것은 더 나아질 수 있다는 가능성의 신호가 된다. 자기 자신에게 던지는 말은 열등감을 무력감으로 만들지 않고 성장의 자극으로 바꾸는 열쇠가 된다.

자신에게 해주는 말은 단순한 위로가 아니다. 그것은 방향을 제

시하고, 다시 일어설 수 있게 하며, 실수를 있는 그대로 바라보게 만드는 내면의 언어다. 이 언어는 연습을 통해 바뀔 수 있다. 처음에는 어색하고 믿기 어려운 말일지라도, 매일 의식적으로 나에게 따뜻한 말을 건네다 보면 내면의 목소리는 서서히 바뀌기 시작한다. 자책보다는 격려가, 회피보다는 수용이, 비난보다는 가능성을 이야기하는 내면의 태도로 전환되는 것이다.

우리가 매일 마주하는 유일한 사람은 '자기 자신'이다. 그렇기에 하루의 시작과 끝에 어떤 말을 건네는지가 중요하다. 아침에 거울 앞에서 **"나는 여전히 부족하지만, 오늘 하루도 나답게 살아보자"** 고 말해보자. 잠들기 전에는 **"수고했어, 오늘도 잘 버텼어"** 라고 말해보자. 그렇게 반복된 말은 언젠가 우리의 마음을 조금 더 따뜻하게 만들고 삶을 조금 더 단단하게 만들어줄 것이다.

자기 비판 대신
자기 돌봄

많은 사람들은 실수했을 때 자신을 탓하는 방식으로 문제를 해결하려 한다. "왜 그렇게밖에 못 했지?", "내가 멍청했지" 이런 비판은 처음에는 채찍처럼 동기부여가 되는 것처럼 보이지만 시간이 지나면 자존감을 깎아먹고 자신에 대한 신뢰를 잃게 만든다. 아들러는 이렇게 말한다.

"자기 자신을 때리는 사람은 결국 누구와도 싸우게 된다."

자기 비판은 문제를 해결하는 방식이 아니라, 자신을 문제 삼는 방식이기 때문이다. 우리는 어릴 때부터 자기 비판을 통해 성숙해지라고 배웠다. 잘못했으면 반성해야 하고 남보다 부족하면 더 노력하라는 말을 들으며 자랐다. 하지만 반성과 비판은 엄연히 다르다. 반성은 현재를 이해하고 미래를 바꾸기 위한 과정이지만, 비판은 과거에 머물러 자신을 괴롭히는 행위다. **"그땐 왜 그랬을까?"** 라는 말이 자주 반복될수록 우리는 앞으로 나아가기보다는 자책의 수렁에 빠지기 쉽다.

자기 돌봄은 자기 비판과는 정반대의 태도에서 출발한다. 실수했을 때도, 부족함을 느낄 때도, 나를 무너뜨리는 대신 이해하려고 노력하는 것. 이것이 아들러가 말한 '자기 존중감'의 시작점이다. 인간은 누구나 실수할 수 있는 존재이며, 실수한 자신을 인정할 수 있어야 진짜 성장이 시작된다고 보았다. 나를 있는 그대로 바라보는 것이 먼저다. 내가 부족하다고 느낄 때는 그 감정을 억누르지 말고 **"지금은 힘들구나"** 라고 인정해주는 것이 중요하다.

자기 돌봄은 나약한 태도가 아니다. 오히려 나를 정확히 인식하고 필요한 자원을 스스로에게 공급하는 지혜다. 오늘 하루를 버티느라 지친 자신에게 **"이 정도면 잘했어"** 라고 말해주는 것, 불안한 순간에 **"괜찮아, 지금 이대로도 충분해"** 라고 다독여주는 것이 자기 돌봄이다. 이는 타인의 인정이 아닌 자기 내면에서 나오는 안정감으로 연결된다. 자기 돌봄을 실천하는 사람은 더 이상 외부 평가에 쉽게 흔들리지 않는다.

열등감은 주로 자기 비판을 통해 심화된다. 남들과 비교하며 뒤처졌다는 생각이 들 때 우리는 자신을 책망하는 말로 스스로를 채근하지만 그렇게 해도 상황은 나아지지 않는다. 오히려 자기 돌봄을 통해 **"나는 지금도 발전하고 있는 중이야"**라는 태도를 유지하는 것이 훨씬 강한 회복력을 만든다. 우리는 모두 완벽하지 않기에 때로는 자기 자신에게 '좋은 친구'가 되어줄 필요가 있다. 세상에 단 한 명이라도 내 편이 있어야 한다면 그건 바로 '나'여야 한다.

자기 돌봄은 실천 가능한 작은 습관에서 시작된다. 하루에 한 번 '나에게 고마운 말' 한 마디를 해보자. **"오늘도 버텨줘서 고마워"** 혹은 **"이 일은 정말 잘했어"** 그렇게 하루하루 자신을 지지하는 말들이 쌓이면 우리는 더 이상 자기 비판에 기대지 않아도 된다. 감정적으로 무너질 때도 나를 다시 일으킬 수 있는 언어가 내 안에 자리 잡게 된다. 아들러는 말한다.

"사람은 자신을 사랑할 수 있을 때, 비로소 타인을 사랑할 수 있게 된다."

자기 비판은 자신과의 관계를 파괴하지만 자기 돌봄은 나와의 관계를 회복한다. 이 회복된 관계가 삶의 중심을 흔들리지 않게 지탱해준다. 타인의 기준에 맞춰 휘청이던 하루가 자기 자신에 대한 이해와 수용을 통해 다시 단단해진다. 자기 돌봄은 열등감을 치유하는 첫 번째 단추이자 앞으로 나아가기 위한 마음의 연료다.

조용한 확신으로
나를 밀어주는 말들

누구나 마음속에 말 한 마디쯤은 품고 산다. 어려운 상황에서 꺼내보는 말, 흔들릴 때 다시 되새기는 말, 끝내 나를 버티게 한 말. 그것이 유명한 명언이든, 누군가의 진심 어린 말이든, 혹은 내가 나에게 한 말이든 상관없다. 중요한 건 그 말이 내 마음을 지켜주고 있다는 것이다. 아들러는 말한다.

"인간은 자기 자신에 대해 어떤 말을 하고 있는가에 따라 살아가는 방식이 달라진다."

다시 말해 우리 삶의 방향은 주변의 평가가 아니라 내면의 말에서 결정된다. 자기 확신은 크게 드러나지 않는다. 누군가 앞에서 큰 소리로 말하지 않아도, 마음속 깊은 곳에서 조용히 흘러나오는

"**나는 괜찮아**"라는 감각이 있다. 그것이 조용한 확신이다. 열등감에 빠졌을 때 필요한 것도 바로 이 조용한 확신이다. 남보다 뒤처졌다고 느껴질 때, 스스로를 부끄럽게 여길 때, 그런 감정들을 이겨내게 하는 건 거창한 외침이 아니라 조용하지만 단단한 자기 암시다. **"나는 지금도 충분히 잘하고 있다"**, **"이 길은 내가 선택한 길이다"** 이런 말들이 삶을 지탱하는 중심이 된다.

많은 사람들이 자기 확신을 가지지 못하는 이유는 스스로에게 따뜻한 말을 건네는 법을 배우지 못했기 때문이다. 오히려 '잘난 척 같다', '근거 없는 자신감은 위험하다'는 말에 익숙해져 있다. 그러나 아들러 심리학에서는 자기 확신을 '근거 있는 낙관주의'라고 말한다. 이는 현실을 무시하거나 회피하는 것이 아니라 나의 가능성과 의지를 신뢰하는 태도다. 스스로를 응원할 수 있는 말은 의지가 약해지거나, 방향이 흐려질 때 다시 나를 세워주는 힘이 된다.

조용한 확신을 키우기 위한 첫 걸음은 말버릇을 바꾸는 것이다. **"나는 원래 못해"**, **"내가 해봤자 뭐…"** 같은 말은 아무리 가볍게 던진 말이라도 자신을 무너뜨리는 독이 된다. 반대로 **"조금씩 좋아지고 있어"**, **"이것도 과정이야"**라는 말은 스스로를 이해하고 격려하는 방식이다. 자신을 향한 말 한마디는 단순한 표현이 아닌 존재에 대한 해석이자 결정이다. 우리는 무심코 반복하는 말로 스스로의 한계를 설정하고 가능성을 닫아버리기도 한다.

심리학자 루이즈 헤이는 이렇게 말한다.

"당신이 자신에게 해주는 말이, 결국 당신이 믿는 진실이 된다."

조용한 확신을 가진 사람은 외부의 인정에만 의존하지 않는다. 그들은 이미 자신의 중심에서 지지받고 있기 때문에 타인의 말에 쉽게 흔들리지 않는다. 이런 내적 지지는 단기간에 생기지 않는다. 수많은 경험과 선택, 그리고 그 속에서 자신을 지켜낸 시간들이 쌓여서 만들어진다. 세상이 아무리 시끄러워도 그 안에서 스스로를 밀어주는 목소리가 있다면, 우리는 다시 앞으로 나아갈 수 있다. 그 목소리는 실패를 겪을 때도, 계획이 어긋날 때도 "괜찮다, 계속해도 된다"라고 속삭이며 꺾이지 않는 힘을 준다.

열등감을 극복하려면 반드시 '나를 믿는 말'이 필요하다. 이 말은 실패 앞에서도 비난 앞에서도 흔들리지 않는 뿌리처럼 작용한다. 아무도 내 편이 되어주지 않는다고 느낄 때조차, 마음속 깊은 곳에 **"괜찮아, 이 정도면 충분해"**라고 말해줄 수 있는 내가 있다면 절대 무너지지 않는다. 이런 조용한 확신은 꾸준한 연습과 태도에서 비롯된다. 하루에 단 한 줄이라도 나를 지지하는 문장을 써보자. 그것이 쌓이면 언젠가 그 말들이 나를 밀어주는 든든한 에너지가 된다. 아들러는 이렇게 말한다.

"자신을 믿는 사람이야말로, 진정으로 자유로운 사람이다."

이 말은 과장된 격려가 아니라 현실을 직시하면서도 자신에게 기대를 거는 사람에게 주는 격려다. 상황의 어려움을 부정하거나 가볍게 넘기는 것이 아니라, 있는 그대로 인정하면서도 앞으로의 가능성을 믿는 태도다. 조용한 확신은 그렇게 시작된다. 외롭고 불안한 순간에도 내가 내 편이 되어주는 말, 그것이야말로 열등감을 성장으로 전환시키는 가장 강력한 무기다. 이 무기는 누구나 쥘 수 있지만, 스스로를 비난하는 습관을 멈추고 자기 목소리에 귀 기울일 때만 힘을 발휘한다. 그러니 조용히 이렇게 말해보자. **"나는 지금도 괜찮고, 앞으로도 괜찮을 것이다"** 이 말은 단순한 위로가 아니라, 다시 나아가게 하는 보이지 않는 동력이 된다.

아들러에게 배우는 나답게 살아가는 법

✓ **내가 나에게 하는 말이 나를 만든다**
무심코 반복하는 말들이 나의 정체성을 만든다.

✓ **자기 비판보다 자기 돌봄이 성장의 힘이다**
비판은 과거에 머무르고 돌봄은 현재를 수용하며 나아가게 한다.

✓ **실수한 나에게도 따뜻한 말을 건넬 수 있어야 한다**
불완전함을 이해할 때 열등감은 자책이 아닌 회복의 계기가 된다.

✓ **조용한 확신은 외부 기준에 흔들리지 않는 힘이다**
조용히 자신을 믿는 말 한마디가 흔들리는 일상 속 중심을 잡아준다.

✓ **말버릇을 바꾸면 삶의 태도가 바뀐다**
"안 돼" 대신 "할 수 있어"를 말하는 것은 가능성을 여는 시작이다.

✓ **자기 자신을 믿는 사람만이 진짜 자유롭다**
스스로를 지지할 수 있는 말은 열등감을 이겨내는 내면의 무기다.

3부

작지만 확실한
자기 행동의 힘

성취보다 실천이 먼저다

우리는 결과에 집착하는 사회 속에서 살아간다. 무엇을 이루었는가, 얼마나 빨리 성과를 냈는가, 어떤 위치에 도달했는가가 사람의 가치를 증명하는 듯 여겨진다. 그래서인지 대부분의 사람들은 실천보다 성취에 더 큰 무게를 둔다.

"인간은 목표에 이르렀을 때보다, 목표를 향해 나아가는 과정 속에서 성장한다."

아들러의 이 말은 우리가 진정으로 집중해야 할 것이 '도착점'이 아니라 '움직이고 있는 나 자신'임을 상기시킨다.

많은 사람들이 목표를 세우고도 쉽게 포기하는 이유는 '금방 성과가 나지 않기 때문'이다. 열등감을 느끼는 순간도 마찬가지다.

남들은 이미 앞서가고 있는 것 같은데 나는 여전히 제자리라는 생각이 들면 금방 지치고 의욕을 잃는다. 하지만 성취를 중심에 두면 언제나 비교가 따라붙는다. 그에 비해 실천을 중심에 두면 비교보다는 과정에 집중하게 된다. 어제보다 오늘 조금 더 나아졌는지를 바라보게 되면 비로소 나의 성장에 주목하게 된다.

성취는 통제할 수 없는 요소가 많다. 주변 상황, 타인의 반응, 예기치 못한 변수들이 언제든지 개입한다. 반면 실천은 온전히 나의 영역이다. 오늘 하루 내가 어떤 태도로 살 것인지 무엇을 선택하고 행동할지는 나 자신이 결정할 수 있다. 그렇기에 실천 중심의 삶은 주도권을 되찾는 삶이다. 아들러는 삶의 의미는 '행동하는 의지'에서 비롯된다고 강조했나. 작은 행동 하나하나가 쌓여 인생의 방향을 바꾼다는 뜻이다.

실천은 아주 사소한 것에서부터 시작된다. 정해진 시간에 일어나는 것, 하루 10분 책을 읽는 것, 감정이 격해질 때 깊게 숨을 쉬는 것. 이런 작은 루틴들이 반복되면 자기효능감이 자란다. 나는 내가 선택한 일을 해냈다는 경험이 쌓일수록 삶의 주도감은 강해진다. 실천은 더 이상 의무가 아니라 나를 지키는 습관이 된다. 어떤 날은 의욕이 없어도 루틴을 따르는 것만으로도 자존감이 유지되는 이유가 여기에 있다.

열등감이 깊을수록 실천의 중요성은 커진다. 열등감은 결과를 놓고 나를 부정할 때 커진다. 하지만 실천은 그 틈을 막아주는 안

전장치다. 지금 이 순간에도 내가 움직이고 있다는 사실은 아직 내가 가능성 안에 있음을 증명해준다. **"오늘도 해냈어"**라는 말은 작지만 그 안에는 스스로에 대한 긍정이 담겨 있다. 아들러가 강조한 '용기의 심리학'이란 바로 이 지속적인 실천에서 비롯되는 자신감이다.

누군가 나에게 성취가 없다고 말할지라도 내가 어제보다 단 한 걸음이라도 나아갔다면 그것으로 충분하다는 것을 알고 있다. 삶은 한순간의 화려한 결과로 정의되지 않는다. 오히려 매일매일의 작은 반복들이 진짜 나를 만들어간다. 실천은 언제나 내가 통제할 수 있는 유일한 것이며 가장 확실한 성장의 발판이다. 이제부터는 성취에 앞서 스스로에게 물어보자. **"오늘 나는 나를 위해 무엇을 했는가?"** 이 질문에 작게라도 대답할 수 있다면 그 하루는 충분히 잘 살아낸 것이다.

매일의 루틴이
나를 만든다

특별한 하루가 인생을 바꾸는 것은 아니다. 오히려 아무도 주목하지 않는 평범한 하루가 쌓여 인생을 만든다. 우리가 매일 반복하는 루틴은 눈에 띄지 않지만 가장 깊은 곳에서 나를 형성한다. 아들러는 **"인간은 변화하기 위해서 '행동의 습관화'가 필요하다."** 라고 말한다. 마음가짐만으로는 삶이 바뀌지 않는다. 변화는 오직 꾸준한 실천을 통해서만 가능하다. 그 실천은 작고 단순한 루틴에서 시작된다.

아침에 일어났을 때 어떤 생각으로 하루를 시작하는가? 퇴근 후 무엇을 하며 시간을 보내는가? 잠들기 전 마음을 어떻게 정리하는가? 이런 평범한 일상 속 루틴이 나의 정체성과 자존감을 만든다. 매일 아침 한 줄의 다짐을 적는 것만으로도 하루가 달라질 수 있다. 운동, 독서, 일기 쓰기, 식단 관리처럼 작지만 의미 있는 루틴은 스스로에 대한 믿음을 키워준다. **"나는 할 수 있다"** 는 말보다 **"나는 매일 해왔다"** 는 사실이 더 강력한 근거가 된다.

루틴은 열등감에 흔들리지 않게 하는 버팀목이 되기도 한다. 누군가의 성과를 보며 자책할 때 루틴은 나를 비교의 함정에서 꺼내준다. 남의 인생이 아닌 내 리듬에 집중하게 해준다. 비교는 순간의 감정이지만 루틴은 지속의 힘이다. 오늘 내가 나만의 루틴을 지켰다는 사실은 내 삶에 중심이 있다는 증거다. 아들러는 **"행동은 감정을 이끈다."** 라고 말한다. 열등감에 빠져 아무것도 하지 않을수록 감정은 더 깊어진다. 하지만 작게라도 반복되는 행동은 감정을 이끄는 힘이 있다.

많은 사람들이 루틴을 작심삼일로 끝내는 이유는 너무 큰 기대를 걸기 때문이다. 하루에 1시간씩 운동하고, 책 한 권을 다 읽고, SNS를 끊겠다고 다짐하지만 현실은 그렇지 못하다. 중요한 건 완벽함이 아니라 '지속 가능성'이다. 단 10분이라도 매일 반복할 수 있는 루틴이 더 강력하다. 작고 단순한 루틴이 나를 지키는 이유는 그것이 내가 나를 돌보는 방식이기 때문이다. 루틴은 성과를 내기 위한 수단이 아니라 나 자신과 맺는 신뢰의 약속이다.

열등감을 극복하는 가장 현실적인 방법도 루틴에 있다. 무언가를 잘하려 하기보다 그냥 해보는 것, 더 나아지려 애쓰기보다 일단 해보는 것 그런 꾸준한 반복이 쌓이면 언젠가 '실력이 쌓인 나'

가 그 자리에 서 있다. 이때 중요한 건 '어떤 루틴이냐'보다 '얼마나 오래 지켰느냐'이다. 습관이 나를 만들고 그 습관은 오랜 시간 내가 선택한 루틴에서 비롯된다.

"나는 내가 반복해서 하는 행동이다. 그러므로 탁월함은 행동이 아니라 습관이다."

아리스토텔레스의 이 말처럼 우리는 매일의 선택으로 스스로를 빚어간다. 하루하루의 루틴은 그 자체로 나의 정체성을 형성하고, 열등감에 흔들리는 마음을 단단하게 만든다. 무엇이든 '매일 하는 것'에는 특별한 힘이 있고 그 힘은 어제의 나보다 나아지고자 하는 오늘의 나를 가장 조용하게 응원하고 있다.

자신과 맺는 관계를
회복하는 일

 열등감은 종종 외부를 향한 감정처럼 보이지만 그 뿌리는 대개 '자신과의 불화'에 있다. 남과 비교하며 괴로워지는 진짜 이유는 타인보다 뒤처진 사실이 아니라 '이런 나 자신이 싫다'는 감정에서 비롯된다. 아들러는 *"우리의 문제는 대부분 대인관계의 문제이며, 그 시작은 자기 자신과의 관계에서 출발한다."*라고 말한다. 타인을 향한 시선보다 먼저 자신을 향한 시선을 회복할 필요가 있다.

 자신과의 관계가 무너질 때 우리는 자주 자기비판에 몰입한다. **"나는 왜 이것밖에 안 되지", "왜 저 사람처럼 살지 못할까"** 하는 생각이 끊임없이 따라온다. 이때 필요한 것은 자신을 향한 따뜻한 인정이다. 실패했을 때도, 느려질 때도, 제대로 해내지 못할 때도 **"그럴 수도 있어"**라고 말해주는 내면의 목소리가 필요하다. 자기 자신을 다그치는 말보다 다정하게 이해해주는 말이 나를 회복시킨다. 자기 돌봄은 큰 노력이 아니다. 자신을 함부로 대하지 않는 것에서부터 시작된다.

　루틴을 무너뜨리고 약속을 지키지 못했을 때 우리는 자신에게 실망하고 죄책감을 느끼며 실망은 곧잘 '자기 공격'으로 이어진다. **"나는 역시 안 돼"**, **"이런 내가 뭘 하겠어"**라는 말들이 그렇다. 하지만 여기서 중요한 건 그 실망의 순간이 관계를 회복할 기회가 될 수도 있다는 점이다. 다시 일어서는 것은 결국 '나와의 신뢰'를 회복하는 일이다. 나를 비난하지 않고 한 걸음 멈춰 서서 **"괜찮아, 다시 해보자"**고 말할 수 있다면, 우리는 자신과의 관계를 한층 성숙하게 만들 수 있다.

　자신과의 관계가 좋아질수록 우리는 타인의 기준에서 자유로워진다. **"그 사람보다 나은가, 못한가"**가 아니라 **"나는 나에게 어떤 사람이 되고 싶은가"**로 시선이 바뀐다. 그리고 그 질문은 삶을 근본부터 바꾼다. 비교가 아닌 기준으로, 불안이 아닌 책임으로 우리는 자기 자신과 맺는 관계를 재정의하게 된다. 아들러는 인간의 가치는 성취가 아니라 존재 그 자체에 있다고 강조했다. 내가 나를 어떤 시선으로 바라보는지가 곧 나의 삶의 방향을 결정짓는다.

　우리는 때로는 가장 가까운 사람처럼, 때로는 가장 낯선 타인처럼 스스로를 대한다. 내 삶에 가장 오래 머물 존재는 '나 자신'이다. 그렇다면 그 존재와 어떻게 살아갈지를 다시 물어보아야 한다. 자기 자신을 미워하는 채로 살아갈 수는 없다. 진정한 회복은 자기 연민이 아니라 자기 신뢰에서 비롯된다. 실패해도 괜찮다는 위로보다 다시 해볼 수 있다는 믿음이 더 필요하다. 내가 나에게 하는 말, 나를 대하는 태도, 나를 평가하는 기준을 바꾸는 일이 자신과 맺는 관계를 회복하는 첫 걸음이다.

아들러는 **"인간은 목적 지향적 존재다."**라고 말한다. 지금 이 순간의 행동조차 어떤 방향을 향해 있다. 내가 나를 격려하고 응원한다면 그 행동들은 '자기 신뢰'라는 목적을 향한다. 우리는 열등감에 휘둘리는 삶이 아니라 열등감을 넘어서 스스로를 존중하는 삶을 선택할 수 있다. 자신과의 관계가 회복된 사람은 어떤 상황에서도 흔들리지 않는다. 그들은 자신은 믿을 수 있는 사람이라는 것을 알게 된다.

아들러에게 배우는
나답게 살아가는 법

✓ **성취보다 실천에 집중하는 태도**
성과는 통제할 수 없지만 실천은 나의 몫이다.

✓ **작고 단순한 루틴이 삶을 바꾼다**
평범함이 인생을 만든다. 꾸준한 루틴은 나에 대한 믿음을 키워준다.

✓ **'계속 해왔던 나'를 믿는 힘**
"나는 매일 해왔다"는 경험이 자기 신뢰의 가장 강력한 증거가 된다.

✓ **자기 자신과의 관계를 회복하라**
자신을 미워하지 않고 다정하게 대할 때 삶은 다시 정돈된다.

✓ **무너진 날에도 나를 다시 세우는 연습**
자책보다 회복을 선택하라. "다시 해보자"는 말이 관계를 성숙시킨다.

✓ **성과보다 존재를 믿는 시선**
"나는 나에게 어떤 사람이 되고 싶은가"라는 질문이 나의 삶을 자유롭게 한다.

4부

내가 나의 리더가 되는 삶

누구도 대신
살아줄 수 없다

삶은 철저히 개인의 것이다. 누군가가 대신 결정해줄 수도 대신 살아줄 수도 없다. 우리는 종종 타인의 기준에 맞춰 살아가면서도 스스로의 선택이라 믿는다. 곰곰이 돌아보면 많은 결정이 '남들이 보기 좋은 삶'이었다. 사회가 말하는 성공, 부모가 기대하는 진로, 친구들이 부러워할 만한 조건들 이런 외부의 기대에 부응하는 데 익숙해질수록 우리는 자기 삶의 방향키를 놓쳐버린다.

아들러는 **"*인간은 타인을 위해 존재하지 않는다.*"**라고 말한다. 이 말은 이기적으로 살라는 뜻이 아니다. 나의 삶을 주체적으로 살아야만 진정한 관계도 맺을 수 있다는 뜻이다. 하고 싶은 일을 선택하고, 감당할 수 있는 책임을 받아들이며, 내 감정과 욕망을 정직하게 들여다보는 태도가 바로 스스로를 리드하는 삶이다.

문제는 이 자율성이 때로는 두려움으로 다가온다는 것이다. 주도적으로 살아간다는 건 동시에 모든 결과를 스스로 감당해야 한다는 뜻이기 때문이다. 선택의 자유는 책임의 무게를 동반한다. 우리는 누군가에게 의지하고 싶어하고 남 탓을 하며 책임을 회피하고 싶어한다. 이런 태도는 일시적인 안도감만 줄 뿐 결국 더 깊은 무기력과 불만족을 초래한다. 자기 삶을 산다는 건 실수할 자유도 나에게 있다는 것을 인정하는 일이다.

스스로 삶의 리더가 되기 위해서는 우선 나에게 묻는 연습이 필요하다. **"지금 내가 원하는 것은 무엇인가?", "이 선택은 누구를 위한 것인가?", "이 책임을 감당할 준비가 되어 있는가?"** 이러한 질문들은 방향을 만들어낸다. 타인의 판단에 앞서 자신의 내면을 향해 질문을 던지는 사람은 어떤 상황에서도 길을 잃지 않는다. 주체적인 사람은 실수를 하더라도 거기서 의미를 발견하고, 실패를 해도 자신을 무너뜨리지 않는다. 그는 삶의 주도권을 타인에게 넘기지 않기 때문이다.

열등감에 휘둘리는 사람일수록 타인의 삶을 부러워하고 자신의 삶을 작게 만든다. 하지만 진짜 문제는 외부가 아니라 '내가 내 삶을 살아가지 못하고 있다는 감각'이다. 우리가 부러워하는 삶은 실제보다 훨씬 과장되어 있고, 정작 나 자신은 제대로 들여다보지 못한 채 살아간다. 이때 필요한 건 방향 전환이다. 남의 삶을 바라보는 시선을 거두고 내 삶을 돌아보는 연습을 시작하는 것,

나는 지금 어디로 가고 있고 무엇을 위해 살고 있는지를 자문해 보는 일이다.

"행복은 타인이 아닌, 스스로에게서 오는 것이다."

아무리 많은 사람이 나를 인정하고 칭찬해도 내가 나를 부정하면 그 삶은 공허해진다. 반대로 외부에서 어떤 평가를 받든 내가 스스로를 지지하고 책임질 수 있다면 삶은 단단해진다. 주체적으로 사는 사람은 흔들리지 않는다. 그들은 스스로 선택한 길을 걸으며 후회하지 않는 삶을 살아간다.

누구도 당신의 삶을 대신 살아줄 수 없다. 그렇기에 당신만의 리더십이 필요하다. 그것은 거창한 계획이나 특별한 능력에서 나오는 것이 아니다. 지금 이 순간 나의 감정에 귀 기울이고, 나의 선택에 책임을 지며, 나의 삶을 나 답게 꾸려가는 작은 실천에서 시작된다. 내 삶의 리더가 된다는 건 자기 자신에게 가장 성실한 조언자가 되어주는 일이다.

스스로 선택하고
책임지는 힘

선택은 자유의 또 다른 이름이다. 그 자유가 진짜 나를 위한 것이 되려면 반드시 따라붙어야 할 것이 있다. 바로 '책임'이다. 우리는 종종 자유롭게 선택하고 싶어 하면서 그 결과에 대한 책임은 회피하고 싶어 한다. 하지만 아들러는 말한다.

"책임을 회피하면 인간은 성장할 수 없다."

선택과 책임은 분리될 수 없는 한 쌍이다. 내가 주체적으로 삶을 이끌어가기 위해서는 내가 한 결정에 스스로 책임질 수 있어야 한다. 많은 사람들은 선택의 기로에서 주저한다. 혹시 잘못된 선택을 할까 봐, 혹은 나중에 후회할 것 같아서 결국 '남들이 좋다고 한 길', '안전해 보이는 길'을 따라간다. 문제는 이런 선택이 마음 깊은 곳에서 우러난 것이 아니기 때문에 아무리 노력해도 만족이 뒤따르지 않는다는 것이다. 삶의 중심에 내가 없기 때문이다.

스스로 선택한다는 것은 외부의 소음보다 자신의 내면의 소리를 우선시하는 태도다. 누가 뭐라 하든 나에게 중요한 것이 무엇인지 알고, 그것을 기준 삼아 결정하는 것이다. 물론 그 과정에서 실수할 수도 있고 예상치 못한 결과를 마주할 수도 있다. 그러나 그것이 바로 진짜 성장의 기회다. 남의 기준으로 산 삶은 남 탓밖에 남지 않지만, 스스로의 선택은 그 모든 과정을 나의 경험으로 전환시켜준다.

책임지는 힘은 하루아침에 길러지지 않는다. 그것은 '작은 선택'에서부터 훈련된다. 오늘 하루를 어떻게 보낼지 스스로 정하고 실천해보는 것, 감정을 누군가에게 터뜨리고 싶은 순간 한 템포 멈추는 것, 하기 싫은 일이라도 지금 해야 한다고 판단되면 묵묵히 해내는 것 이런 일상의 사소한 책임감들이 쌓일수록, 삶의 큰 결정을 앞두었을 때도 흔들림 없이 나아갈 수 있게 된다.

책임은 처벌이 아니다. 우리는 책임을 무겁고 부정적으로만 여기는 경향이 있다. 하지만 책임은 내가 나를 지지하는 방식이다. 나의 선택을 끝까지 존중해주는 태도이자 내 삶을 타인에게 넘기지 않는 힘이다. 책임은 자율성과 연결되어 있다. 책임질 수 있는 사람만이 진짜 자유로울 수 있다.

열등감에 빠진 사람일수록 책임을 남에게 전가하려는 경향이 강하다. "그때 부모님이 반대하지 않았다면…", "상사가 도와줬더라면…", "환경이 더 좋았더라면…" 그러나 이런 말들은 지금의 불만족을 설명해주지는 못한다. 오히려 나를 과거에 묶어두고 앞으로 나아가지 못하게 만든다. 과거에 어떤 일이 있었든 지금 이 순간부터는 나의 선택이 내 삶을 바꿀 수 있다는 사실을 받아들여야 한다.

스스로 선택하고 책임지는 삶은 단단하다. 실패해도 다시 일어날 수 있고 외부의 평가에 흔들리지 않는다. 그 힘은 내가 내 삶을 이끌고 있다는 감각에서 온다. 누구도 내 인생의 방향을 정해주지 않는다는 자각은 두렵기도 하지만, 동시에 해방감을 준다. 진짜 자유는 외부 조건이 아니라 내가 나의 삶을 책임지려는 의지에서 비롯된다.

오늘 당신은 어떤 선택을 하고 있는가? 그 선택은 당신의 기준에 따른 것인가? 그리고 그 결과를 기꺼이 감당할 준비가 되어 있는가? 그 대답을 향한 용기가 당신의 삶을 바꾸는 첫 걸음이 될 것이다.

삶의 주도권을
되찾는 연습

우리는 스스로 자기 삶을 살고 있다고 믿는다. 우리가 선택했다고 생각한 많은 일들이 사실은 타인의 기대와 사회적 기준에 의해 결정된 것이었다는 사실을 조금만 들여다보면 알 수 있다. "이 쯤이면 괜찮지 않을까?", "사람들이 이상하게 보지 않을까?" 하는 질문을 던지는 순간 우리는 이미 삶의 방향을 외부에 내맡기고 있다. 아들러는 단호하게 말한다.

"누군가의 인정을 얻기 위해 사는 삶은 자신의 삶이 아니다."

삶의 주도권을 되찾는다는 것은 단순히 '내 마음대로 산다'는 의미가 아니다. 그것은 내가 선택하고 책임지며 더 이상 타인의 기대 속에서 나를 증명하지 않겠다는 결단이다. 내 삶의 운전대를 다시 쥐는 일이다. 주도권은 누구도 대신 줄 수 없는 내적 권한이다. 우리는 너무 오랫동안 자연스럽게 그 권한을 남에게 위임해 왔다. 그렇게 타인의 기대에 최적화된 존재가 되어갈수록 진짜 나는 점점 사라져버린다.

어느 날 문득 **"이건 정말 내가 원했던 삶인가?"** 하고 묻게 되고 삶이 공허하게 느껴지는 건 그 때문일지도 모른다. 그 물음이 들려올 때 우리는 비로소 중요한 첫걸음을 떼게 된다. 바로 **"나는 누구의 기준으로 살고 있는가?"** 를 정직하게 묻는 것이다. 이 질문에 대한 솔직한 답만으로도 우리는 무심코 따라온 타인의 규칙에서 한 발 물러설 수 있다.

그 다음에는 **"나는 무엇을 진심으로 원하는가?"** 를 들여다보아야 한다. 진짜 욕구와 가치는 비교에서 나오는 것이 아니다. 그것은 고요한 순간에 들리는 자신의 목소리에서 비롯된다. 주도권은 거창한 결단이 아니라 작은 실천에서 시작된다. 내가 오늘 무엇을 먹을지, 누구를 만날지, 어떻게 시간을 보낼지를 의식적으로 선택해보는 것이다. 사소해 보일지 몰라도 이런 선택들이 쌓이면 어느새 삶의 궤도가 바뀌고 있음을 깨닫게 된다. 중요한 건 모든 선택의 기준이 외부가 아닌 '내 안'에서 출발했는가다.

이 과정을 방해하는 감정이 있다. 바로 죄책감이다. **"내가 이렇게 하면 누군가가 실망하지 않을까?", "혹시 이기적인 건 아닐까?"** 라는 생각이 우리를 주저하게 만든다. 이런 마음은 겉으로는 배려처럼 보이지만, 사실은 스스로의 선택을 제한하고 가능성을 가로막는 족쇄가 되기도 한다.

"타인의 기분은 내가 책임질 수 없는 부분이다."

내가 나답게 살기로 한 선택은 누군가를 실망시킬 수 있다. 하지만 그건 그들의 감정일 뿐 내가 감당해야 할 몫은 아니다. 감정은 각자의 해석과 기대에서 비롯되기에, 그 전부를 내가 조절하거나 맞출 수는 없다. 오히려 나답게 사는 모습을 보여주는 것이 진정한 관계의 시작일 수 있다. 이는 타인에게 솔직한 신호를 보내고, 상대가 나를 있는 그대로 이해하도록 돕는다.

삶의 주도권을 되찾기 위해 필요한 자세는 완벽해지려는 욕망을 내려놓는 것이다. 우리는 늘 무언가 부족하다고 느낀다. 하나를 이뤄내면 또 다른 결핍이 떠오르고 빈자리는 끊임없이 생겨난다. 완벽함이라는 기준은 결코 끝이 없는 사다리와 같아, 오르려 할수록 지치고 불안해진다. 그러므로 그 사다리에서 내려와 지금의 나를 인정하는 것이야말로 진정한 자유의 출발점이다.

"인간은 본래 완성되지 않은 존재다. 불완전함 속에서 성장하려는 힘이 인간을 인간답게 만든다."

부족함은 부끄러운 것이 아니라 살아 있다는 증거다. 부족함이 있다는 것은 여전히 배울 것이 있고, 시도할 기회가 남아 있다는 뜻이다. 더 나아지고 싶은 마음, 더 배우고 싶은 열망, 더 깊어지고 싶은 의지는 모두 그 결핍에서 비롯된다. 그 결핍은 때로 우리를 불안하게 하지만, 동시에 앞으로 나아가게 하는 원동력이 된다. 삶의 주도권을 가진 사람은 '완벽한 나'가 아니라 '부족한 나'를 받아들이는 사람이다. 있는 그대로의 자신을 인정할 때, 비로소 불완전함이 약점이 아닌 가능성의 공간으로 변한다.

이때 필요한 것은 자기 연민이 아니라 자기 돌봄이다. **"나는 왜 이 모양일까?"** 가 아니라 **"나도 잘하고 있어"** 라고 말해주는 태도, 나 자신에게 건네는 친절한 인정이야말로 자기 주도적인 삶의 시작이다. 열등감을 부정하거나 외면하지 않고 그것이 남긴 흔적마저 내 일부로 받아들이는 태도가 필요하다. 과거의 실패, 비교 속의 상처, 주눅 들었던 기억들이 지금의 나를 만든 재료였다는 것을 받아들이는 것이다. 그때의 나는 최선을 다했으며, 지금의 나는 그 모든 시간을 품고 살아간다는 사실을 인정하는 순간, 비로소 우리는 과거에 끌려가지 않고 현재를 살아갈 수 있다.

"그 어떤 경험도 결정적이지 않다. 오직 그 경험에 부여한 의미가 삶을 결정짓는다."

같은 사건이라도 어떤 이는 좌절로 기억하고, 어떤 이는 도약의 계기로 삼는다. 내가 열등감을 어떻게 해석하느냐에 따라 그 감정은 나를 짓누르는 족쇄가 될 수도 있고, 나를 성장시키는 동력이 될 수도 있다. 해석의 방향은 스스로 선택할 수 있다는 점에서 우리는 언제든 과거를 새롭게 바라볼 수 있다. 삶의 주도권을 되찾는 연습은 곧 내 감정을 직면하고, 해석하며, 새로운 의미로 바꾸는 과정이기도 하다. 그리고 이 과정은 단번에 끝나는 것이 아니라, 같은 경험을 여러 번 되짚으며 조금씩 의미를 재구성해 나가는 지속적인 훈련이다.

이제 당신에게 묻고 싶다. 당신의 삶은 지금 누구의 것이며 방향은 누가 정하고 있는가? 나 스스로를 믿고 내가 옳다고 믿는 길을 향해 나아가는 연습이 지금부터 필요하다. 그 과정에서 실수할 수도 있고 후회할 수도 있다. 그러나 그것조차도 내가 선택한 길이라면 후회 없이 살아낼 수 있다. 주도적인 삶은 편하지 않을 수 있지만 그 삶만이 진짜 충만함을 가져다준다.

삶의 주도권을 되찾는다는 것은 결국 내 안의 작은 목소리를 존중하는 것이다. 세상의 시선이 아닌 내면의 기준으로 삶을 설계하는 것이야말로 흔들려도 무너지지 않는 삶의 중심을 세우는 길이다. 타인의 삶을 대신 살지 말고 이제는 당신만의 삶을 살아가야 할 시간이다.

아들러에게 배우는 나답게 살아가는 법

✓ **내 삶은 내가 살아야 할 몫이다**
　외부에 휘둘리지 말고 내 감정과 욕망을 솔직하게 들여다봐야 한다.

✓ **선택에는 반드시 책임이 따른다**
　선택과 책임은 성장을 위한 한 쌍이다.

✓ **타인의 기대보다 나의 기준에 집중하라**
　진짜 삶은 내가 진심으로 원하는 방향에서 시작된다.

✓ **작은 선택이 삶의 궤도를 바꾼다**
　의식적으로 선택하는 연습이 삶의 주도권을 되찾는 길이다.

✓ **죄책감 대신 자기 돌봄을 선택하라**
　내 선택이 누군가를 실망시켜도, 그 감정은 타인의 몫이다.

✓ **과거보다 지금의 내가 중요하다**
　과거에 느꼈던 열등감도 해석에 따라 성장의 동력이 될 수 있다.

5장

내가 나의
리더가
되는 삶

1부

내 안의 목소리를 듣는 연습

외부 기준이 아닌
나의 소리에 귀 기울이기

우리는 태어나면서부터 끊임없이 외부의 기준에 노출된다. 이 모든 외부의 소리는 '이렇게 살아야 한다'는 일종의 명령으로 다가오며 우리를 조용히 규격화한다. 그 기준에 맞추어야 좋은 사람이고, 성공한 사람이며, 괜찮은 사람이라는 인식이 너무도 자연스럽게 자리 잡는다. 우리는 무의식적으로 자신에게 이렇게 묻는다. "**지금 내가 하고 있는 일이 남들 눈에 좋아 보일까?**", "**이 선택이 사람들에게 인정받을 수 있을까?**" 그런데 정작 "**나는 지금 이 선택이 진짜 좋은가?**"라는 질문은 뒤로 밀린다.

아들러는 "*자기 인생의 주인으로 사는 사람은 타인의 평가보다 자신의 신념을 우선시한다.*"라고 말한다. 그의 심리학은 외부 평가의 덫에서 벗어나 자기 존재를 중심으로 삶을 재구성하라고 말한다. 외부의 기준은 때론 너무도 강력해서 자신만의 목소리를 듣는 것이 오히려 낯설고 두렵게 느껴질 수 있다. 비교는 바로 이 틈을 파고든다. "나는 왜 아직 저 사람만큼 하지 못했지?"라는 비교는 결국 자책일 뿐이다. 남의 속도와 결과를 기준으로 삼는 한 나의 속도와 방향은 계속 흔들린다.

외부의 기준을 따라가며 잘해왔던 사람일수록 멈춰 서서 스스로에게 묻는 일이 어렵다. 하지만 인생은 마침표가 아니라 쉼표의 연속이다. 그 쉼표에서 자신에게 조용히 물어야 한다. "**나는 정말 이 일을 좋아하고 있는가?**", "**나는 어떤 순간에 가장 살아 있다고 느끼는가?**" 이런 질문에 답하려면 무엇보다 자기 내면의 소리에 집중해야 한다. 그것은 남들이 뭐라 해도 내가 느끼는 진짜 감정과 생각을 들여다보려는 노력에서 시작된다.

비교를 멈추는 첫걸음도 여기서 시작된다. 남들이 정한 기준을 내려놓고 내가 진심으로 원하는 것을 중심에 놓는 것 그것이 비교의 감정을 덜어내는 가장 근본적인 방식이다. 누군가는 30대에 성공하고, 누군가는 40대에 새로운 길을 시작한다. 누구는 다섯 명의 아이를 키우며 기쁘고, 누구는 혼자 살아도 만족스럽다. 삶은 절대 동일한 트랙이 아니다. 우리는 자꾸 남들과 같은 위치에 있어야 안심하지만 그것은 허상이다. 남의 기준은 결코 나를 완전히 채워줄 수 없기 때문이다.

내면의 소리에 귀 기울이는 사람은 비교에서 자유롭다. 그들은 타인의 평가가 자신을 정의하지 못한다는 사실을 알고 있다. 그래서 더 이상 '좋아 보이기 위한 삶'이 아니라 '나에게 의미 있는 삶'을 향해 나아간다. 물론 그 길은 더디고 때로는 외로울 수 있다. 하지만 그런 삶이야말로 흔들리지 않는 자기 확신에서 비롯된 진짜 주도적인 삶이다.

아들러는 **"인간은 누구나 삶을 선택할 수 있는 능력을 지닌 존재다."** 라고 말한다. 그 선택의 핵심은 외부가 아닌 자신을 기준으로 삼는 데 있다. 오늘 당신이 외부의 평가와 시선을 한 발짝 내려놓고 내면의 목소리에 조금 더 귀 기울였다면, 그 자체로 삶의 방향은 이미 바뀌기 시작한 것이다.

비교보다
내면의 질문을
중심에 놓기

비교는 언제나 외부를 향한다. "저 사람보다 내가 잘하고 있을까?", "내 위치는 저 사람에 비해 어떤가?" 우리는 이런 질문들을 매일 무의식적으로 반복하며 살아간다. 하지만 이런 질문이 반복될수록 삶은 점점 타인의 시선에 의해 조정되고, 자신이 진짜 원하는 삶의 방향은 흐려진다. 아들러는 말한다.

"행복은 '타인이 나를 어떻게 보는가'에서 오지 않고, '내가 나를 어떻게 보고 있는가'에서 비롯된다."

비교는 바깥을 기준 삼지만 진짜 변화는 안에서부터 시작된다.

많은 사람들이 스스로에게 묻는 질문조차 남의 시선을 의식해서 고른다. **"이건 부모님이 원하던 일이었지"**, **"다들 이 정도는 하고 있으니까 나도 해야지"** 이런 질문은 마치 누군가의 삶을 복사해서 붙여넣는 것과 같다. 그 안에는 나의 욕망도 목소리도 없다. 하지만 진짜 변화는 질문의 방향이 바뀔 때 시작된다. **"나는 지금 어떤 감정을 느끼고 있는가?"**, **"내가 중요하게 여기는 가치는 무엇인가?"**, **"나는 지금 어디로 가고 싶은가?"** 이런 질문은 외부 기준이 아닌 내면의 기준을 중심에 놓는 힘이 있다.

내면의 질문을 중심에 놓는 사람은 삶의 속도와 방향을 스스로 조절할 수 있다. 남들이 빨리 간다고 따라가지 않고 남들이 멈춘다고 함께 멈추지 않는다. 자신에게 중요한 것을 먼저 정의하고 거기서 출발하기 때문이다. 그들은 성과보다는 의미를 찾고 평가보다는 감정을 읽는다. 아들러 심리학이 강조하는 '목적론적 삶'이란 바로 이런 것이다. 지금의 행동이 어디서 비롯되었는지를 찾기보다, 내가 이 삶을 통해 어디로 가고 싶은지를 묻는 것. 비교는 과거와 타인을 기준 삼지만 내면의 질문은 미래와 나를 기준 삼는다.

외부의 기준에 길들여진 사람일수록 내면의 질문은 익숙하지 않으며 자신에게 질문을 던질 줄 모른다. 처음에는 막연할 수 있다. **"나는 뭘 원하지?"**라는 질문조차 낯설게 느껴질 수 있다. 오랫동안 타인의 기대와 평가에 맞춰 살아온 사람일수록 스스로에게 귀 기울이는 법을 잊어버리기 쉽다. 중요한 건 완벽한 답을 찾는 것이 아니라 질문하는 연습이다. 답이 모호하더라도, 심지어 전혀 감이 오지 않더라도 괜찮다. 오늘 하루 끝에 나에게 이렇게 묻는 것만으로도 충분하다. **"오늘 어떤 순간이 좋았지?", "나는 오늘 내 마음을 잘 돌봤는가?", "내가 진심으로 바라는 건 무엇일까?"** 이런 질문들은 내 삶의 중심을 되찾는 시작이 된다. 그리고 그 질문이 쌓이면, 언젠가 그 안에서 나만의 분명한 목소리가 들리기 시작한다.

비교보다 내면의 질문을 중심에 둘 때 삶은 더 단단해진다. 왜냐하면 그것은 남들과의 차이를 인식하는 것이 아니라 나만의 가능성을 확인하는 방식이기 때문이다. 우리는 각자 다른 기준과 감정을 가진 존재다. 누군가는 안정이 필요하고 누군가는 변화가 필요하다. 누군가는 사랑을 누군가는 성장을 원한다. 그런데 우리는 모두 똑같은 방식으로 행복해야 한다는 착각 속에 비교의 함정에 빠진다. 그 착각을 깨는 방법은 나만의 질문을 다시 꺼내는 것이다.

"어떻게 살아야 할까?" 라는 질문은 누구나 던진다. 그러나 **"나는 어떤 삶을 진심으로 원하는가?"** 라는 질문은 용기가 있어야 가능하다. 이 질문은 타인의 기대와 사회가 정한 틀을 잠시 내려놓아야만 비로소 떠올릴 수 있다. 아들러가 말했듯이 자기 삶의 주인공이 되려면 타인의 시선에서 벗어나 자신의 목적과 감정에 정직해져야 한다. 여기서 말하는 정직함은 불편한 진실을 마주하고도 피하지 않는 태도이며, 나를 꾸미기보다 있는 그대로를 인정하는 태도다. 정직함은 남들보다 더 나아가려는 태도가 아닌 나의 삶을 내 기준으로 살아가려는 태도에서 비롯된다. 그리고 그 기준은 비교가 아닌 나의 가치와 신념에서 나올 때 비로소 단단해진다.

삶은 끊임없는 선택의 연속이다. 작은 일상에서부터 중요한 결정에 이르기까지, 우리는 매 순간 방향을 정해야 한다. 그 선택 앞에서 내면의 질문을 던지는 습관은 결국 흔들림 없이 나를 지켜주는 나침반이 되어줄 것이다. 이 나침반은 외부의 변화나 타인의 판단에도 쉽게 흔들리지 않고, 나만의 길을 잃지 않도록 해준다. 이제 비교를 멈추고 자신에게 너 자주 물어보자. 오늘 나는 내 삶의 중심에 어떤 질문을 놓았는가? 그리고 그 질문이 나를 어디로 이끌고 있는가를 차분히 살펴보자.

조용하지만 단단한 자기신뢰 만들기

 진짜 신뢰는 조용하다. 그것은 요란한 자기 확신이나 과시적인 자존감과는 거리가 멀다. 남에게 보이기 위해 '괜찮은 사람'처럼 행동하는 것이 아니라 스스로의 내면에서 조용히 자라나는 힘이다. 조용한 자기신뢰는 외부의 칭찬이나 평가에 크게 흔들리지 않는다. 그저 묵묵히 자신이 옳다고 믿는 길을 가며 흔들릴 때에도 중심을 다시 찾는 회복력을 가진다.

 아들러는 **"인간은 스스로의 삶을 책임지는 존재다."** 라고 말한다. 우리가 타인의 인정이나 외부 조건에 의존할 때 삶이 불안정해진다고 보았다. 자기신뢰란 그런 외적 기반이 아닌 내면의 기준과 반복된 경험 위에서 자라난다. **"나는 어떤 상황에서도 나 자신에게 실망하지 않을 만큼 노력하고 있는가?"** 라는 질문에 **"그렇**

다"고 대답할 수 있을 때, 우리는 자기 자신을 믿을 수 있게 된다.

자기신뢰는 한순간에 생기지 않는다. 자주 넘어지고, 실수하고, 후회하는 경험 속에서 조금씩 단단해지는 것이다. 자기신뢰를 만드는 가장 좋은 방법은 '작은 약속'을 지켜가는 일이다. 오늘 정한 일을 오늘 끝내는 것, 내 감정을 무시하지 않고 들여다보는 것, 피하고 싶은 일을 피하지 않고 마주하는 것 같은 작고 사소한 실천들이 쌓일 때 우리는 **"그래도 나는 나를 믿을 수 있어"**라고 말할 수 있게 된다.

조용한 자기신뢰는 목소리를 높이지 않는다. 대신 위기 앞에서 무너지지 않고, 비교 앞에서 흔들리지 않으며, 타인의 말보다 자신의 감정을 신뢰한다. 겉으로는 소심해 보일 수도 있고 겸손해 보일 수도 있지만 내면은 단단하다. 자신을 과대평가하지도 않고 과소평가하지도 않는다. **"나는 지금 이 자리에서 충분히 잘하고 있어"**라는 속삭임을 스스로에게 해줄 수 있는 사람이야말로 흔들림 속에서 중심을 지킬 수 있는 사람이다.

아들러는 **"인간은 끊임없이 성장할 수 있는 존재다."**라고 말한다. 하지만 그 성장은 외적인 성취가 아니라 내면의 확신에서 시작된다. 누군가의 조언이나 사회의 기준이 아닌, 자기 자신의 목소리를 따를 때 우리는 진정으로 성장할 수 있다. 조용한 자기신뢰는 바로 그 기반이 된다. 누가 알아주지 않아도 괜찮다. 내 삶이 내 기준에 맞춰진다면 그 자체로 의미 있고 충만하다.

사람들은 자존감을 높이는 법에 대해 자주 묻는다. 그러나 자존감은 단순히 "나는 소중한 존재야"라고 되뇌는 말로 높아지지 않는다. 자존감은 내가 내 삶의 기준을 세우고 그 기준에 따라 살면서 자연스럽게 따라오는 결과다. 자신을 믿는 사람은 말보다 행동으로 증명하고, 타인보다 자기와의 약속을 더 중요하게 여긴다. 그게 바로 자기신뢰의 본질이다.

이제는 조용한 자신감이 필요한 시대다. 끊임없이 자신을 내세우고 경쟁하는 사회 속에서 자기 자신을 지키는 사람은 오히려 조용한 사람이다. 그들은 눈에 띄지는 않지만 오래 살아남는다. 남들보다 앞서가지 않아도 괜찮고, 때때로 멈춰 서도 괜찮다. 중요한 건 언제나 나 자신과 연결되어 있다는 느낌이다. 그 연결감이 자리를 잡을 때 누구보다 단단한 마음으로 살아갈 수 있다.

당신은 오늘 어떤 약속을 자기 자신과 했는가? 그리고 그 약속을 지켜냈는가? 신뢰는 소리 없이, 그러나 분명하게 매일 쌓인다.

아들러에게 배우는 나답게 살아가는 법

✓ **외부 기준보다 내면의 소리에 귀 기울여라**
진짜 삶은 '나는 이게 진심으로 좋은가'를 묻는 데서 출발한다.

✓ **타인의 속도가 아닌 내 감정에 집중하라**
누군가는 빠르고, 누군가는 느리다. 중요한 건 내 마음의 리듬이다.

✓ **진짜 질문은 남이 아닌 나에게서 나온다**
"내가 진짜 원하는 건 무엇인가?"를 스스로에게 물을 수 있을 때, 비교는 의미를 잃는다.

✓ **내면의 질문은 흔들림 없는 방향을 만든다**
행복은 타인의 평가보다 내 기준에 정직한 삶에서 비롯된다.

✓ **신뢰는 조용한 약속에서 자란다**
오늘의 작은 실천이 '나는 나를 믿을 수 있어'라는 힘이 된다.

✓ **조용한 자기신뢰가 흔들림을 막아준다**
타인보다 나 자신과 연결된 사람이 결국 오래 살아남는다.

2부

지금 이 자리에서
삶을 시작하는 용기

완벽하지 않아도 시작하는 힘

우리는 아직 준비가 덜 됐다고 느끼고 더 나은 타이밍이 올 거라 기대하며 종종 시작을 미룬다. 완벽한 조건, 완벽한 나, 완벽한 시점을 기다리지만 그런 순간은 좀처럼 오지 않는다. 시작이 늦어지는 가장 큰 이유는 바로 '완벽해야 한다'는 믿음이다. 그런데 삶은 완벽함을 요구하지 않는다. 오히려 서툰 채로라도 움직이는 사람에게 기회를 준다.

아들러는 인간을 끊임없이 변화할 수 있는 존재로 보았다. 지금의 나로도 충분히 변화를 만들 수 있고, 지금의 조건으로도 새로운 길을 열 수 있다고 믿었다. 그의 철학은 늘 '지금 이 자리에서' 시작하라는 메시지를 담고 있다. 아직 부족하고, 불완전하며, 확신이 없더라도 행동하는 것. 그것이 삶을 바꾸는 가장 현실적인 힘이다.

누구나 망설이는 순간이 있다. 하지만 그런 두려움을 뚫고 한 걸음 내딛는 순간 우리는 이미 어제의 나를 넘어서고 있다. 중요한 건 결과가 아니라 '시작했다는 사실'이다. 그 한 걸음이 다음을 만들고 방향을 만든다. 시작이 없으면 변화도 없다. 용기는 거창한 결단에서 나오지 않는다. 어설퍼도 괜찮다는 마음, 오늘 할 수 있는 만큼만 해보겠다는 결심 그 작고 단순한 태도가 진짜 용기를 만든다.

완벽하지 않지만 시작해도 된다는 믿음은 자기 자신에 대한 신뢰에서 비롯된다. 남과 비교하지 않고, 이전의 실패를 끌어오지 않으며, 지금 이 순간에 집중하는 연습이 필요하다. '과거의 나'가 아닌 '현재의 나'에게 말 걸어야 한다. **"지금 이 정도면 시작할 수 있어"** 그렇게 말해줄 수 있을 때 우리는 무언가를 바꿀 수 있는 사람으로 변해간다.

작은 시작이 큰 변화를 만든다. 글을 쓰기 위해 매일 한 줄을 적는 것, 건강을 위해 하루에 10분만 걷는 것, 마음을 다스리기 위해 짧은 명상을 하는 것처럼 거창하지 않아도 된다. 중요한 건 오늘 내가 무엇을 했는가이다. 사람들은 종종 큰 계획에 압도되지만 실제로는 작은 실천이 더 오래간다. 아들러도 반복되는 행동이 성격을 바꾸고 성격이 인생을 바꾼다고 했다. 오늘의 시작이 쌓여 당신의 삶을 새롭게 만들 것이다.

자신을 믿지 못할 때 자꾸 다음으로 미룬다. 하지만 그 '다음'은 끝없이 밀려간다. 그러는 사이 자신에 대한 신뢰는 조금씩 사라지고 삶은 정체된 느낌으로 변해버린다. 지금 당장 완벽하지 않아도 괜찮다. 중요한 건 오늘의 시작이 미래의 나를 만든다는 사실이다. 미루지 않고, 핑계를 대지 않고, 한 발 내디뎠다는 기억이 당신을 점점 단단하게 만들어줄 것이다.

당신이 지금 뭔가를 시작하고자 한다면 '더 준비되면'이라는 생각보다 '지금 이대로도 충분하다'는 확신을 가져보자. 부족한 채로 시작해도 되고 불안한 채로 나아가도 된다. 중요한 건 당신이 오늘 그 한 걸음을 내디뎠다는 것이다. 그걸로 충분하다.

매일 나에게 묻는 질문

비교에 지친 하루를 마무리하며 우리는 종종 자신에게 무거운 질문을 던진다. "왜 나는 이것밖에 안 될까?", "왜 나는 늘 남들보다 느릴까?" 이런 질문은 문제를 해결해주기보다는 자신을 점점 더 갉아먹게 만든다. 아들러는 인간의 행동을 이끄는 것은 상황이 아니라 '해석'이며, 그 해석은 어떤 질문을 던지느냐에 달려 있다고 보았다. 그러니까 우리는 자신을 다그치는 질문 대신 삶을 조금 더 앞으로 밀어주는 질문을 매일 스스로에게 던져야 한다.

"오늘 하루를 나답게 살았는가?", "나는 지금 어떤 방향을 향하고 있는가?", "내가 바라는 삶에 가까워졌는가?" 이런 질문은 판단보다 성찰을 돕고 자책보다는 방향을 잡아준다. 우리가 성장하려면 자주 자신을 돌아봐야 한다. 단, 그 돌아봄은 따뜻한 시선으로 이루어져야 한다. 비교와 경쟁에 치인 마음은 이미 상처를 입었기에 질책이 아닌 다정한 물음이 필요하다.

하루에 한 번씩 단 3분이라도 자신에게 질문을 던져보는 습관은 삶의 방향을 유지하는 나침반이 된다. "**나는 지금 어떤 감정을 느끼고 있지?**", "**이 감정은 어떤 생각에서 비롯된 걸까?**", "**이 선택은 내 뜻인가, 타인의 기대인가?**" 이런 질문은 겉으로 드러나는 것보다 내면을 살펴보게 하면서 조금씩 자신의 기준을 찾아가게 만든다. 타인이 아닌 나를 위한 선택, 나를 위한 태도, 나를 위한 결정이 쌓이면서 삶은 내 손에 가까워진다.

이런 질문에 늘 뚜렷한 답이 나오는 건 아니다. 어떤 날은 오히려 더 혼란스럽기도 하다. 중요한 건 답을 찾는 것이 아니라 질문을 멈추지 않는 일이다. 스스로에게 묻는 질문이 곧 나를 지키는 울타리가 되기 때문이다. 방향을 잃을 때는 화려한 계획보다도 이 작은 질문 하나가 더 유효할 수 있다. "**나는 지금 어디에 있고, 어디로 가고 있는가?**"라는 물음만으로도 우리는 삶의 중심을 다시 붙잡을 수 있다.

아들러는 인간이 주체적인 존재라고 보았다. 타인의 평가나 과거의 경험이 아니라 지금 이 순간의 나의 태도가 삶을 만든다고 했다. 그렇기에 매일 나에게 묻는 질문은 단순한 습관을 넘어서 주도적인 삶의 선언이다. "**나는 지금부터라도 다시 시작할 수 있다**"는 결심이 그 질문 속에 담겨 있다.

삶은 한순간에 바뀌지 않는다. 하지만 질문을 반복하는 사람은 반드시 변한다. 자기 삶의 주인으로 살고자 하는 사람이라면, 먼저 스스로에게 말 걸어야 한다. **"나는 지금 괜찮은가?"**, **"조금이라도 나아지고 있는가?"**, **"오늘 내가 한 행동은 나를 더 좋아하게 만들었는가?"** 이 물음들은 단단한 자기 인식의 토대가 되고 흔들리는 순간에도 나를 붙잡아준다.

누군가는 매일 거창한 다짐을 필요로 하지 않는다. 그저 하루 끝에 자신에게 묻는 조용한 한 문장이면 충분하다. **"오늘 나는 나와 잘 지냈는가?"** 그 물음 하나로도 삶은 달라질 수 있다.

삶은 타이밍이 아니라 방향이다

우리는 때로 인생이 타이밍의 싸움이라고 믿는다. 좋은 시기를 놓쳤다고 자책하고, 이미 늦었다고 포기해버리기도 한다. 남들보다 늦게 시작했다는 이유만으로 스스로를 초라하게 여기며 비교의 늪에 빠지기도 한다. 하지만 아들러의 심리학은 분명히 말한다. 중요한 것은 **"지금 어디에 있느냐"**가 아니라 **"어디로 가고 있느냐"**이다. 인생을 결정짓는 것은 타이밍이 아니라 방향이라는 것이다.

세상은 끊임없이 속도를 재촉한다. 빨리 성공하고, 빨리 결혼하고, 빨리 안정된 삶을 살아야 한다고 말한다. 그러나 이 모든 기준은 타인의 시선으로 짜인 외부의 시간표일 뿐이다. 그것에 맞추기 위해 애쓰다 보면 정작 내 삶의 리듬은 무너지고 마음은 점점 지쳐간다. 아들러는 인간이 자기 삶의 목적을 설정하고 그 목적을 향해 능동적으로 나아가는 존재라고 본다. 늦고 빠름보다 중요한 것은 내가 정한 방향으로 한 걸음씩 나아가는가이다.

누군가는 이른 나이에 목표를 이루고 누군가는 더딘 걸음으로 평생을 두드리지만 속도나 시작 시점은 결국 부차적인 요소일 뿐이다. 같은 방향을 향해 걷는 이상 둘 다 의미 있는 삶이다. 중요한 건 잠시 멈추게 되고 실패를 겪더라도 방향을 놓지 않는 일이다. 그것이 삶을 지속시켜주는 내면의 나침반이다.

우리는 타인의 속도에 휘둘려 엉뚱한 길로 들어서기도 한다. 잘하는 것보다 남들이 인정해주는 것을 우선시하고, 진짜 원하는 것보다 지금 당장 할 수 있는 일을 선택한다. 그렇게 타이밍에 쫓겨 방향을 잃고 나면 삶은 공허해지고 만다. **"지금 내가 가고 있는 길은 정말 내가 원하는 방향인가?"** 이 물음이 없다면 아무리 빨리 달려도 도착지는 엉뚱한 곳일 수 있다.

방향을 잡는 데는 용기가 필요하다. 원하는 삶을 살아가는 데 있어 가장 큰 걸림돌은 '너무 늦었다'는 생각이다. 하지만 지금 이 순간 시작하는 것도 늦은 게 아니며 가장 빠른 출발일 수 있다. 아들러가 말했듯, 인간은 변화할 수 있는 존재이며 변화를 위한 결정은 언제든지 지금 여기서부터 가능하다. 중요한 건 결심의 순간이고 그 결심이 나의 방향을 새롭게 설정해준다.

삶은 누구도 대신 살아줄 수 없기에 내가 향하는 방향은 결국 내가 선택해야 한다. 때로는 옳은 방향이 어디인지 확신이 서지 않을 수 있다. 하지만 망설이다가도 한 걸음을 내딛는 용기, 실수하더라도 다시 방향을 조정할 수 있다는 믿음이 우리를 앞으로 이끈다. 이제는 타이밍이 아닌 방향을 중심에 놓고 삶을 바라보자. 그 방향이 흔들리지 않도록 매일의 질문과 작은 실천으로 삶의 중심을 단단히 다져보자.

지금 삶이 느리다고 남들보다 뒤처졌다고 느껴진다면 이렇게 말해보자.

"나는 아직 방향을 잃지 않았다"

그 한마디가 나를 다시 앞으로 걷게 하는 힘이 된다. 그리고 그 한 걸음이 가장 나다운 인생의 출발점이 될 수 있다.

아들러에게 배우는 나답게 살아가는 법

✓ **완벽하지 않아도 시작해도 된다**
불완전하게 시작해도 괜찮다. 용기는 나를 믿는 데서 비롯된다.

✓ **작은 실천이 변화를 만든다**
매일 한 줄 쓰기, 10분 걷기처럼 작은 시작이 인생의 방향을 바꾼다.

✓ **삶의 주도권은 질문에서 시작된다**
"나는 지금 어디에 있는가?", "이 선택은 내 뜻인가?" 자주 묻는 질문이 중심을 잡아준다.

✓ **삶을 바꾸는 건 타이밍이 아닌 방향이다**
빠르냐 늦느냐보다 중요한 것은 내가 원하는 방향인가이다.

✓ **비교는 속도를 흐리지만 질문은 방향을 밝힌다**
비교는 삶을 지치게 하지만 질문은 길을 다시 찾게 한다.

✓ **가장 나다운 삶은 내가 정한 방향에서 온다**
타인의 기준보다 내 뜻과 목적에서 출발할 때 진짜 삶이 시작된다.

에필로그

epilogue

'나는 괜찮다'고 말할 수 있을 때까지

'나는 괜찮다'고 말할 수 있을 때까지

우리는 종종 남들과의 비교 속에서 자신을 잃는다. 잘해도 부족하고, 노력해도 뒤처진 것 같고, 웃고 있어도 마음 한구석이 허전하다. 그렇게 열등감은 조용히 그러나 깊게 우리 마음속에 자리를 잡는다. 누군가를 부러워하며 나를 깎아내리고, 때로는 아무렇지 않은 척하며 스스로를 속이기도 한다. 하지만 그 마음의 진짜 목소리를 외면한 채 괜찮은 척 살아가는 일은 결국 나를 더 힘들게 만든다.

이 책은 그 물음에서 시작되었다. **"나는 왜 자꾸 비교하게 될까?"** 그리고 그 물음은 또 다른 질문으로 이어진다. **"나는 왜 내 모습을 있는 그대로 인정하지 못할까?"** 아들러는 우리에게 이렇게 말한다. 비교는 감정이 아니라 해석이며, 열등감은 부끄러워할 감정이 아니라 더 나은 삶을 위한 에너지라고. 그 감정을 어떻게 이해하고, 해석하고, 사용할 것인지에 따라 우리의 인생은 달라질 수 있다고.

지금 이 순간에도 누군가는 자신을 탓하고 있을지도 모른다. 누구보다 열심히 살아왔지만 여전히 초라하다고 느끼고 있을지도 모른다. 하지만 그 마음 깊은 곳엔 '지금보다 나아지고 싶다'는 간절함이 있다. 그리고 그것은 부끄러운 마음이 아니라, 오히려 살아 있다는 증거다.

삶은 비교로 채점되는 것이 아니다. 각자의 시간표와 방향이 있는 여정이다. 중요한 것은 나에게 맞는 속도를 찾고, 나만의 기준으로 삶을 살아가려는 태도다. 완벽하지 않아도 괜찮고 느려도 괜찮다. 나만의 리듬으로 살아가는 하루하루가 결국 나를 단단하게 만든다.

부디 이 책이 그 여정의 작은 나침반이 되기를 바란다. 비교의 늪에서 빠져나와, 자기 삶의 주인으로 서고자 하는 당신에게 작은 응원이 되었기를. 그리고 언젠가 이렇게 말할 수 있기를.

"나는 지금, 내 삶을 있는 그대로 받아들이고 있다"

아들러가 말하는
나는 왜 자꾸 비교하는가

초판 1쇄 발행 2025년 9월 5일

지은이   민유하, 제이한
발행인   박용범
펴낸곳   리프레시

출판등록 제 2015-000024호 (2015년 11월 19일)
주소   경기 의정부시 평화로 471, 맥스타워 418호
전화   031-876-9574
팩스   031-879-9574
이메일   mydtp@naver.com

편집책임 박용범
디자인   리프레시 디자인팀
마케팅   JH커뮤니케이션

ISBN 979-11-992340-8-6

* 이 책에 실린 글과 사진의 무단 전재나 복제를 금합니다.